人际关系心理学

张平 著

知识产权出版社
全国百佳图书出版单位
—北京—

图书在版编目（CIP）数据

人际关系心理学/张平著. —北京：知识产权出版社，2023.7
ISBN 978-7-5130-8815-2

Ⅰ.①人… Ⅱ.①张… Ⅲ.①人际关系学—社会心理学 Ⅳ.①C912.11

中国国家版本馆 CIP 数据核字（2023）第 121592 号

内容提要

人是社会性动物，每个人都不是孤岛，需要生活在关系中。与他人建立良好的关系，实际上是复杂的，是不容易的。本书从九个方面进行阐述，让人们了解人际关系心理学的相关知识，并拥有一定的人际交往技巧。这九个方面主要分成三大类，第一类是基础知识，第二类是个体与他人、与自我的关系，第三类是人际关系提升技巧。

书中诸多观点、观念既具有学院派心理学的风格，又具有临床心理学的意味；既有对传统心理学观点的讲解，又有对当今流行现象的分析。大量事例来自作者多年的心理咨询经验和教学经验，经过改编，呈现给读者，供读者学习、参考，希望读者在日后的人际交往中不断提升交往能力，收获良好关系。

责任编辑：张水华	责任校对：王 岩
封面设计：熊仁丹 王江风	责任印制：孙婷婷

人际关系心理学

张 平 著

出版发行：知识产权出版社有限责任公司	网　　址：http://www.ipph.cn
社　　址：北京市海淀区气象路 50 号院	邮　　编：100081
责编电话：010-82000860 转 8389	责编邮箱：46816202@qq.com
发行电话：010-82000860 转 8101/8102	发行传真：010-82000893/82005070/82000270
印　　刷：三河市国英印务有限公司	经　　销：新华书店、各大网上书店及相关专业书店
开　　本：720mm×1000mm　1/16	印　　张：14.75
版　　次：2023 年 7 月第 1 版	印　　次：2023 年 7 月第 1 次印刷
字　　数：200 千字	定　　价：69.00 元
ISBN 978-7-5130-8815-2	

出版权专有　侵权必究
如有印装质量问题，本社负责调换。

序

  我是一名从事心理健康教育工作的高校教师。在学校工作的主要内容是既要给学生上课，又要做咨询，还要开展团体活动等，总之，我每天的工作就是跟学生打交道，跟学生在一起。

  年纪轻轻的他们苦恼很多，有学业问题、就业问题，有恋爱问题，还有人际关系问题。其中，人际关系问题占相当大的比重。一个大四的学生对我说，"我是一个很回避社交的人，从来不主动跟别人交往，别人一靠近我，我就紧张。但四年了，我也学着慢慢敞开自己，如果别人主动跟我交往，我也不拒绝了。我觉察到自己在人际交往中有个问题，就是在刚开始的时候，我会对对方非常好，两人的关系也会越走越近，但随着时间的推移，我很担心对方离开我、抛弃我，于是我就不断跟对方确认，跟我的友情/爱情是否还在？对方被我逼迫得很有压力，甚至有窒息感，但如果我不问，我就不能摆脱我的焦虑，然后两人的关系就会恶化，以失败告终，这似乎是一种模式，会循环往复，我该怎么办？"

  这样的例子很多，促使我不断思考，如何才能更有效地帮助他们，帮助更多的人。也常有人让我推荐心理学读物，他们的要求是专业但也不特别难懂的书，每到这个时候，我就会想，到底推荐哪些书？还有就是，我自己多年学习心理学和从事心理咨询相关的实践，积累了很多的经验和案例，我也想把自己的一些想法分享给更多的人，这些都促使我萌生了写一本书的想法。本书的内容主要包含人际关系与身心健康，人际交往的理论与人际效应，人际关系的发展阶段，人与朋友、父母的关系，与恋人的关系，人际关系中的自我，人际吸引，人际冲突的化解，人际沟通的技巧。这些内容特别贴近我们的生活。

在书中，我引用了很多案例，这些案例虽然都经过一定的加工，但也都是真实发生的，请读者不要对号入座。这些案例的存在增加了本书的可读性和可理解性。书中引用了很多理论，我尽量将这些理论用通俗的语言讲出来，让高深的理论更贴近我们的生活。人际关系的理论不只适用于大学生这一特殊群体，可以说是老少皆宜。这本书不仅谈到了职场中的人际关系，也谈到了与朋友的关系、与家人的关系等。此外，还加入了目前流行的一些社会现象，比如"社恐"，旨在让大众对这些社会现象有更深刻的了解。书中还介绍了一些人际交往的技巧，这些技巧很实用，很容易掌握。

我相信，每一个个体都需要人际关系，或者说需要活在关系中，那谁不期待好的关系呢？不好的关系会阻碍我们的成长，消耗精力，让我们更加痛苦，有点像是在伤口上撒盐；好的关系能给我们带来成长，抚慰创伤，化解压力与痛苦，让我们更加幸福。好的关系不是期待来的，也不是祈祷来的，而是在与他人日积月累的交往中，不断用心浇灌、用爱经营得来的。在人际关系的经营中，我们可能需要不断地认识自我、改变自我，这种改变不是迎合，不是讨好，不是没有棱角，而是让自己更加包容、更加圆融、更加成熟。请想象一下这样的你，是不是会更喜欢自己?

  对于人际关系的探索，有很长的路要走，不仅要看到对方，更要看见我们自己。你我都在路上。

张 平
于北京海淀西土城路 10 号
2023 年 3 月 10 日

目 录

[第一章]
人际关系与身心健康 / 001
一、人际关系的定义 / 003
二、人际关系的重要性 / 006

[第二章]
人际交往的理论与人际效应 / 021
一、人际关系理论 / 023
二、人际效应 / 027
三、人际交往的深层基础 / 040

[第三章]
人际关系的发展阶段 / 045
一、三阶段论 / 047
二、四阶段论 / 050
三、五阶段论 / 052
四、十阶段论 / 057
五、人际关系破裂五阶段论 / 063

第四章

与朋友、父母的关系 / 069

一、朋友关系 / 071

二、与父母的关系 / 078

第五章

与恋人的关系 / 091

一、什么是爱 / 093

二、传统爱情的特征 / 101

三、现代爱情的特点 / 106

四、爱情中的非美好现象 / 108

第六章

人际关系中的自我 / 117

一、自我概念 / 119

二、个人特质对人际关系的影响 / 128

第七章

人际吸引 / 143

一、人际吸引 / 145

二、人际吸引的原则 / 148

三、影响人际吸引的因素 / 154

四、提升个体人际吸引的方法 / 162

第八章

人际冲突的化解 / 165

一、人际冲突 / 167

二、人际冲突的发展阶段 / 169

三、人际冲突的建设性作用 / 170

四、解决冲突的步骤 / 171

五、人际冲突的解决策略 / 172

六、人际冲突的处理技巧 / 178

七、提升亲密关系的小技巧 / 184

第九章

人际沟通的技巧 / 191

一、以人为中心的沟通技巧 / 193

二、萨提亚沟通模式的技巧 / 209

参考文献 / 219

后　记 / 223

第一章

人际关系与身心健康

人际关系对我们每个人来说都至关重要，没有谁能够完全脱离开人际关系而生存，人际关系对我们的身心健康有着一定的影响。

一、人际关系的定义

人际关系有广义和狭义之分。从广义来看，人际关系是人与人之间的一种相互作用、相互影响的关系，是人们为了满足其生存和发展的需要而在共同的社会实践活动过程中所形成的物质性或精神性的人际交往关系的总称，是人们在共同的活动中彼此为了满足各种需要而建立起来的相互间的关系，主要表现为心理距离的远近、个体对他人的心理倾向和相应的行为表现等。显然，这是一个非常广而大的定义，没有揭示出人际关系的特殊性和独特性。从狭义来看，人际关系是人与人之间通过交往与相互作用而形成的直接关系，它反映了个人或群体满足其社会需要的心理状态，是社会关系的表现形式。

人际关系在多数情况下主要是一种心理上的关系和距离，通常由三个相互联系的成分构成，即认知成分、情感成分和行为成分。

认知成分主要涉及与认识活动有关的心理过程，是交往双方通过相互感知和相互理解，从而对对方的心理、行为及意向做出推测与判断的过程。它是人际关系形成、发展和变化的基础。两个对彼此一无所知的人是无法建立起人际关系的。

情感成分是交往双方相互之间在认知基础上产生的好恶程度和满意程度。它是人际关系建立并维持和发展的纽带，制约着人际关系的亲疏、深浅、长短程度。有的人认识很久，但关系很远、很疏离；有的人交往时间很短，但可能关系很近、很亲密。

行为成分是建立人际关系双方具体的交往行为，包括言谈举止、表情动作、仪表体态等一切可察觉的外在表现。它是建立和发展人际关系的根本保证。人们的相互认知、彼此感情的培养都要通过外在的行为表现出来，人的行为也要以认知为基础。

总之，认知成分、情感成分和行为成分这三个方面是紧密联系在一起的，共同构成作为个体与个体间心理联结的人际关系的基础。

人际关系是为了满足其自身的某种需求，通过与周围的个人或者群体进行交往而建立和发展起来的人与人之间的社会关系。它主要有三个特点：第一，人们在具体的社会实践活动中产生人际关系，人际关系是社会实践活动的产物，它是不可能脱离社会实践活动的；第二，人际关系是在人与人之间广泛的交往基础之上形成的；第三，人际关系的种类有很多，包括政治、经济、文化等多种社会关系，但最主要的是在交往过程中人与人之间心理上的关系，也就是说，人际关系是有一定感情基础的，在交往过程中表现为交往程度的深浅。

按照不同的分类标准，人际关系可以分为以下几种类型：第一，按照人际关系的性质来分，可以分为友好型和敌对型。友好型的关系是人际关系中的主要关系，它体现了人类在相互交往过程中和善、团结、互助的特征。敌对型的关系是人际关系中的次要关系，它体现了人类在相互交往过程中厌恶、斗争、嫉妒的特征。友好型比较容易理解，比如平时所说的好友、闺蜜。敌对型就不太容易理解了，都已经认识并交往了，怎么还能敌对呢？这是因为在交往的过程中，利益、喜好或观点的不同，导致了相互间的冲突或矛盾，形成了敌对型，到了敌对的程度，离人际关系的瓦解就不远了。第二，从人际关系的纽带来看，可以分为亲情关系、工作关系、兴趣关系、地域关系等。亲情关系主要是指以血缘或婚姻为纽带而建立起来的一种内在的人际关系，如父母子女关系、亲戚关系、夫妻关系等。工作关系则是指交往的双方为了达到共同的工作目标而自发结成的人际关系，比如上下级关系、同事关系、同行之间的关系等。兴趣关系就是指有共同的兴趣爱好的交往双方，为了更好地满足心理上的感受而结成的人际关系。地域关系则是指一些在区域特定地理环境里形成的人际关系，即通常我们提到的老乡关系，这种关系看似疏离，实则紧密，有句话"老乡见老乡，两眼泪汪汪"。第三，从开展人际关系的方式来看，可以分为直接关系和间接关系。交往的双方不需要通过任何媒介，而是直接面对面地进行人际交往活动，在这种情况下产生的人际关系即直接关系，也是社会生活中最为普遍的、最为常见的人际关系形式。但随着智能电子产品和互联网的崛起，间接关系增多了。间接关系就是开展人际交往的双方需要借助一定的载体而建立起来的人际关系。在网络飞速发展的今天，人们开展人际交往的形式会越来越多样化，特点和类型也会逐渐呈现新的内容。需要特别指出的是，人际交往与人际关系二者紧密相连，但这并不代表它们是完全相同的两个概念。一般来说，人际交往是双方为了实现共同的目标而通过一定的交往方式和手段进行交流和沟通，在彼此的心理上会有一种认同感，这种心理上的共鸣会通过一定的行为方式直接表现出来。人际关系则是指人与人在交往过程中所建立起来的某种看不见摸不着的情感联系，以及在此基础之上所形成的人与人之间的心理倾向和相应的行为反应。

没有任何一个人可以像孤岛一样生活，我们都需要存在于关系中，只是每个人对关系的需求不一样。小张初入大学校园，对人际关系有着自己的理解，总觉得只要把学习搞好就万事大吉。在日常生活中，不太在意人际关系，不合心意就会跟人闹意见、耍脾气，有的同学给他提建议，他从不采纳，甚至还觉得是别人在羞辱他，常常将人际关系搞得非常紧张。生活、学习氛围的紧张，给他带来不小的压力，不久他就出现了胃疼、口腔溃疡、心悸等症状。

二、人际关系的重要性

人的社会性决定了人必须生活在广泛的人际关系网中，以满足必要的心理需求。心理学有一个非常经典的实验，是1954年心理学家贝克斯顿、赫伦和斯科特等进行的感觉剥夺实验，就是让被试在缺乏刺激的环境中生存。也就是说，在没有图形视觉（被试须戴上特制的半透明的塑料眼镜），限制触觉（手和手臂上都套有纸板做的手套和袖头）和听觉（实验在一个隔音室里进行，用空气调节器的单调嗡嗡声代替其听觉）的环境中，被试静静地躺在舒适的帆布床上。实验之初，告诉被试，他们可以随时停止实验，可以随时离开实验环境，来去自由。开始阶段，许多被试都是以睡觉的方式度过的，然而，72小时后，甚至有的被试在8小时之后，便决意要逃脱这单调乏味的环境。实验发现，在实验中停留的时间越长，被试的注意力越涣散；在实验过后的几天里，被试的思维受到干扰，不能进行明晰的思考，智力测验的成绩不理想，有的被试甚至出现了幻觉（白日做梦）现象。这一经典的实验到现在仍经常出现在教科书或课堂上，主要是为了说明，人不能单独生活在没有刺激的环境中，人际对个体是非常重要的，是保证个体身心健康的前提。

人际关系的广泛性和复杂性，对人的心理健康产生了深刻而持久的影响。从心理健康的角度看，良好的人际关系可以满足人们的诸多心理需要，如获得安全感，满足归属感，提高自尊心，增强力量感，获得友谊和帮助，减少孤独、寂寞、空虚、恐惧、痛苦，宣泄愤怒及压抑。人际交往对于身心健康具有重要意义。

（一）人际关系与身体的关系

1. 良好的人际关系能促进身体健康

身心的影响是交互的，身体可以影响心理，心理也可以影响身体。良好的人际关系，不仅使人心情舒畅，而且有益于学习和生活。不良的人际关系，可使人产生焦虑、不安和抑郁；严重的不良人际关系，还会使人惊恐、痛苦、憎恨或愤怒。这些不愉快的消极情绪，会影响人的健康，甚至引起一些心因性疾病。

小王是一名大三的学生。放假回到老家，初中、高中同学跟小王一样，从天南海北回到了家乡，大家迫不及待地聚在一起聊天、玩耍。小王和小张在中学阶段是很好的朋友，中学时两个人互相敞开心扉，分享各自的喜怒哀乐。但最近小王发现，自己跟小张在毕业问题上产生了分歧。小王要考研，他认为本科生太多了，需要研究生的身份让自己更出众一些，但小张觉得如果自己的专业技术过硬，不必考研，两人为此大吵了一架。吵架后，谁都不理谁，关系变得很紧张。这种紧张的关系，让小王和小张都非常不舒服。小王很愤怒，"就因为这么一点小事,跟我大吵,太不把我当朋友了"。而小张则很委屈,"我有我自己的观点,你有你自己的观点,没必要因为这点事如此激动"。小王气得头疼了好几天,小张一想起这事就胸闷气短。

事实证明,不良的人际关系容易使人情绪低落、不安、紧张、悲伤。《黄帝内经》曾指出,"悲哀愁忧则心动,心动则五脏六腑皆摇","喜怒不节则伤脏,脏伤则病起"。大量研究发现,人体的许多疾病的发生与情绪有关,其中原发性高血压、冠心病、心律不齐、偏头痛、胃及十二指肠溃疡、甲状腺功能亢进、糖尿病、斑秃等病尤为明显。

可能我们都有体会,当与某人(尤其是好友或至亲)关系紧张时,我们的身体会出现很多变化。随着情绪的剧烈波动,血液和尿中儿茶酚胺(包括肾上腺素、去甲肾上腺素和多巴胺等)含量明显升高。大量的儿茶酚胺还会促使血小板聚集,阻塞小动脉,致使心肌梗死。

心情经常处在压抑状态,可促使血压调节机能失调,引起血压升高。长期处在紧张的人际关系中,还会引起内分泌紊乱,致使抗胰岛素分泌增多,引起胰岛素相对不足而出现糖代谢障碍,导致糖尿病。妇女长期处于紧张状态,会出现排卵机能异常,月经紊乱、痛经等现象。消化系统经常处在应激状况下,容易出现溃疡。

2. 良好的人际关系能够增强个体的免疫力

我们的身体会常常受到病毒的侵扰,如果免疫力不强,患上各种疾病的风险就很大,因此我们需要通过不断的运动、锻炼来增强自己的免疫力。免疫系统的功能与压力密切相关。与压力相关的疾病可以分为两种类型:一种是与自主神经系统反

应过度相关（如偏头痛、溃疡、冠心病），另一种是与免疫系统失调有关（如感冒和癌症）。DNA结构中有一个基因，被称为致癌基因，会产生异常细胞或突变细胞。身体每天都产生这样的细胞，而身体中的T淋巴细胞能够杀死这些异常或突变细胞。但由于某些原因，T淋巴细胞的功能被限制，患癌症的机会就会增加。异常或突变细胞的繁殖速度会远远快于正常细胞，它们不能制造出供给正常细胞机能所需要的酶，因此会抢夺健康细胞作为营养来源。当这些细胞能够从原生位置移动到全身的各个部位，就发生了转移。这里的某些原因，就与我们日常遇到的各种应激事件、不良情绪有关。

> 小李和小白是恋人，两人非常要好，双方家长也很看好他们，很认可他们在一起。但随着恋爱时间的延续，小李和小白的矛盾和冲突日益增多，吵架成了家常便饭。突然有一天，小李对小白提出了分手。小白非常伤心，出于无奈，只能接受被分手的事实。没过多久，小李便跟另一个女生谈恋爱了。小白知道后，告诉了家长。从小被视为掌上明珠的小白，没受过这样的气，她的父亲更是气到得了肝癌，这正是中医所说的"怒伤肝"。当她的父亲意识到，不能因为他人而让自己生气，更不能因此气出病来，为时已晚。

良好的人际关系、人际支持则能够帮我们缓解压力，改善不良情绪等，进而增强身体的免疫力。

良好的人际关系如同一味良药，可以治愈人们的心理困扰、身体疾病，这味药不仅不苦，而且回甘。这味药可增强我们的心理抵抗力，不再在意他人目光、他人评价，提升身体免疫力，对于感冒、发烧、头疼具有绝对治愈效果。

（二）人际关系与心理的关系

1. 良好的人际关系是保持心情舒畅的前提

哈佛大学教授舒伯特等人做了一项实验，这个实验可能是迄今为止耗时最长的实验之一，实验调查周期长达75年之久。在这个实验中，舒伯特团队通过对数百名自愿参与者的一生进行跟踪调查，从十几岁直到他们的老年，以揭示一个答案，"什么使人健康、幸福？"调查的最终结果显示，过得幸福的人的共同特征是：拥有"良好的人际关系"。能让人健康和幸福的不是金钱，也不是权位。

现在请回想一下你自己的经历。你觉得自己最幸福、最快乐的时候是什么时候呢？是与好朋友在一起聊天？是跟父母在一起游玩？是自己取得了一项重要成绩？还是帮助别人做成一件事情？我想，最幸福的时刻应该是与他人产生联结的时刻。取得成绩或进步，与别人分享后，你会更开心、更快乐。而且，越长大越发现，友好而深刻的友谊会给我们带来很多益处。

良好的人际关系能够帮助我们克服孤独、缓解压力、释放情绪、获得支持，这些都是个体在面对日复一日的生活、应接不暇的困扰、无处不在的担心时所需要的能量。

随着生活节奏日渐加快，"忙"成为我们抵挡人际交往的最佳借口，人与人之间的联结不断萎缩，慢慢减少。如果有人愿意花时间听你说、陪伴你、给你支招，那你已经战胜了很多人。

良好的人际关系如同一道光,能让身处黑暗的人获得些许温暖。正是这些温暖,让我们体验到生活的意义、生命的美好。

有人说,当你有压力的时候,与好友分享,压力就会减半;当你有喜悦的时候,与好友分享,喜悦将会翻倍。压力减半会让人轻松不少,喜悦翻倍会让人更加舒畅。

跟好友分享压力和喜悦是这样,分享诸如紧张、担心、伤心、痛苦、失意等情绪也会是这样。当你感到紧张担心、悲观失意、伤心抑郁时,有了好友的安慰与支持,你会获得精神上的慰藉,让你对压力有了抵御的力量,也获得了战胜困难的勇气。

> 焦虑的人特别能感知压力,或者说,对压力非常敏感。小凯就是一个很容易焦虑的人。比如,十天后要交一个小论文,小凯在接到任务的时候就紧张得喘不过气来。正是因为经常性的紧张,所以他知道怎么缓解焦虑。他有一个好朋友,恰好这个好朋友不太忙,能有时间听小凯倾诉。每当小凯紧张、焦虑的时候,他总会给这个好朋友打电话说上一个小时,这个好朋友会耐心地倾听,并做出恰当的安慰,帮小凯缓解紧张。可以说,这个好朋友成了小凯的精神支柱。小凯有这样一位好友的好处是,可以随时联系,获得安抚;坏处就是,他对好友依赖太强,一旦不能获得安抚时,他的情况会更加糟糕。

人际交往还能缓解我们的恐惧和担忧。恐惧和担忧能对我们造成很大的伤害,可能是身体层面的,也可能是心理层面的。当我们面临一个重大事件,尤其是自己很难解决的事情时,很可能会陷入巨大的恐惧和担忧中。但当我们向身边的好友、亲人诉说或与他们讨论时,困扰我们的问题可能会不攻自破,因为叙述的过程就是一次厘清的过程,是将问题具体化的过程,思路清晰了,问题清楚了,心态自然清朗了。

2. 良好的人际关系能给人带来安全感与归属感

心理学家马丁·塞利格曼提出了幸福五要素，这五个要素可以缩写为PERMA。即：P＝积极情绪（Positive Emotions）、E＝投入（Engagement）、R＝人际关系（Relationships）、M＝意义（Meaning）、A＝成就（Achievements）。塞利格曼进行过一项幸福感的研究，以大学生为被试，调查大学生的

幸福感。首先，要求被调查的学生列出自己感觉幸福的程度。然后，将自我感觉最幸福的学生和感觉一般及感觉最不幸福的学生的各个方面进行比较，结果发现，主观幸福感最高的学生共同且独有的一点是他们有非常好的人际关系。最幸福的学生很少独处，他们和朋友、家人或恋人之间的关系非常稳固，并且花费很多时间和家人、朋友或恋人共处。他们比主观幸福感一般或最低的学生更为开朗、更为友善，也感觉到较少的压力。这样，他们对自己的生活非常满意，在生活中会体验到更多的积极情绪。基于这项研究，塞利格曼认为，以往关注的影响个体主观幸福感的因素，比如体育锻炼、良好的睡眠、频繁地参加社交活动等都不是幸福和快乐的必要条件。影响个体主观幸福感最重要的因素是"我们内心最深处的归属感及与他人交流的需要"。然而，塞利格曼教授忽略了一个问题："内心最深处的归属感及与他人交流的需要"是如何产生或获得的？实际上，心理上的这种归属感和安全感是人际交往的一个结果，只有获得了良好的人际关系，我们才能获得这种心理上的安全感和归属感。

大学生活动最多的场所，除了教室就是宿舍。如果宿舍的人际关系紧张，就会导致舍友不愿意回宿舍，回到宿舍也不会开心。小安和

其他三位女生是舍友。在上大学之初,她们就相互约定在大学期间要好好学习,不辜负大学的美好时光。正是有了这样的约定,她们在相处的时候,经常相互鼓励、支持、帮助。这样的友情基础,让她们把宿舍当成家,一下课,就回宿舍,因为宿舍是让她们感觉很温暖的地方。在宿舍不仅可以畅所欲言、放松娱乐,而且也可以相互督促学习。这个宿舍轻而易举地成了学霸宿舍。如果留心观察,会发现,学霸宿舍的同学们不仅学习好,而且人际关系也好。谁不羡慕这样的宿舍呢?想想都很温暖。

(三) 人际关系与自己的关系

1. 良好的人际关系能满足我们的内在需求

我们的社会性决定了每个人都不是一座孤岛,而是一小片陆地,彼此联结形成一片大的陆地。人本主义心理学家马斯洛认为,人有五种需要,分别是生理需要、安全需要、归属和爱的需要、尊重需要、自我实现需要。其中安全需要、归属和爱的需要都与他人有或多或少的关系。马斯洛提到,只有

满足了低层次的需要才能满足高层次的需要。但事实证明,人在有强大意志力的时候,也可以在低层次需要没有得到满足时,先满足高层次的需要。我们的喜怒哀乐都跟与别人的交往有关。正常的、良好的人际关系能满足我们的内在需求,也就是能够满足我们的归属和爱的需要。

在人际贫乏的环境下成长的孩童,长大后会有很多心理缺陷,也就是心智化水平没有得到完全、充分的发展,比如性格孤僻、胆小、害怕与人

交往、自卑等。研究发现，在这样的环境下成长的孩子，不仅个性发展会出问题，而且智力发展明显滞后，社会化程度也落后于其他同龄孩子。当环境和人际关系得到改善后，自身的交往需要、心理需要得到满足后，个体的个性、智力水平、社会化水平才会得到一定的发展。可见，人际关系对个体的智商、情商发展有多重要，只有处于良好的、丰富的人际环境，个体才能健康发展。

2. 良好的人际关系有助于个人成长成才

研究发现，智慧、专门技术和经验只占成功因素的15%，其余的85%取决于良好的人际关系。人际关系在个体的成功中占有非常重要的比重。在实际生活中，你可能也会有感觉，个体的成功离不开良好的人际关系。一个人可以走得很快，但一个团队可以走得很远。所以，提升人际交往能力，对于个人的成功，具有非常重要的意义。

每个人一生都在成长的路上。著名的人本主义心理学家罗杰斯提出了人际交往对个体成长的意义。他认为，人与人的交往是必要的，人们不仅可以交流思想，而且可以分享许多隐私的情感，如对未来的梦想、内心的感受、隐私的冲动等。人际交往是有益的。通过沟通，可以相互启迪、丰富彼此的人生。在友谊关系中，人们相互接纳及彼此探索，可以促进个人的成长，满足其自我实现的需求。人际关系是一种力量，能帮我们战胜看似克服不了的困难，走出沼泽和泥泞，迈向新的征程。

3. 良好的人际关系有助于自我认识

乔哈里视窗理论告诉我们，人对自己的认识是一个不断探索的过程。

根据自己对自己的了解程度和他人对自己的了解程度，将一个平面分成四个象限。每个人的自我都有4个成分，分别是：公开的自我，也就是透明真实的自我，这部分自己很了解，别人也很清楚；盲目的自我，这部分别人看得很清楚，自己却不了解；隐藏的自我，是自己了解但别人不了解的部分；未知的自我，是别人和自己都不了解的潜在部分，通过一些事件或机会可以激发出来。自我的四个维度见图1。

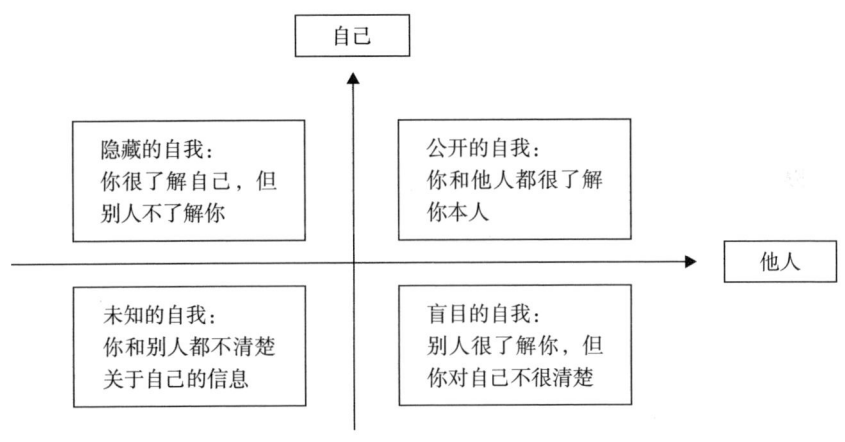

图1　自我的四个维度

（1）公开的自我。有些方面既是自己了解的，也是他人了解的，这个区域称作开放区域。比如，在一定的人际范围内，你的个人信息，如姓名、性别、职业甚至照片等都是公开的；注册一些社交软件时，你可以设定自己的哪些信息可以被不同分类的好友看到或者是完全公开的。

小吴马上要毕业找工作了，他必须把自己的信息挂到相应的网站上，这样就容易被一些企业招聘人员看到，并提供职位。在开始的时候，小吴不是十分愿意把自己的信息翔实地填写上，但不填写，又怕用人单位不会提供机会。经过一番思想斗争，他还是决定将能公开的信息如实放到网上去。但是对自己不愿意公开的信息，还是选择了隐藏。小吴的姓名、毕业院校、专业、联系方式、求职意向等都放上去了，但小吴没放自己的照片，他不太想被太多不认识的人看到。

（2）盲目的自我。有些信息是你自己不了解但是别人了解的。正如苏轼在《题西林壁》中所描述的"不识庐山真面目，只缘身在此山中"，就映衬了这个区域。我们可以通过别人眼中的我，更深入地了解自己。比如，你可能不觉得自己是一个热情的人，甚至有些冷漠，但平时对别人的友好相助，会让别人认为你是一个热情的人。当感受到来自他人的善意时，我们可能会对自己重新审视，发现一个不一样的自己。人际传播的重要研究之一就是"镜中我"，即人们通过想象别人眼中的自己来构建自我。

小郁的写作能力很强，但她自己并不认可。在大四找工作的时候，小郁很纠结，是去做销售类的工作，还是做文案工作？她觉得自己的性格适合做销售类的工作，但好友跟她说，她的文笔好，也可以选择做文案工作。小郁听到好友的评价后，感觉很吃惊！她一直觉得自己的写作能力不行，觉得这不是自己的长项，也从来没想过要从事文案工作，虽然在读书期间，尤其是中学阶段，随便写点什么都会被当成范文。相对于对自己的要求，她没觉得这是自己的优势。经朋友的指点，她觉得自己去找一份文案的工作，可能也是不错的选择。

（3）未知的自我。有些信息是他人不了解，自己也不了解的，因此在人际交往中，需不断发掘自己，以促进自我成长。比如，有一些潜能，是我们自己不知道，别人也不知道的，但通过不断的实践，可以不断激发和挖掘出来。

晓畅的声音很好听，她的朋友们、亲戚们都说她声音好听，她也为此沾沾自喜。晓畅有个爱好，就是唱歌，但只是唱给自己听，她不愿意在众人面前展示，生怕自己唱得不好，丢面子。晓畅对于唱歌仅是喜欢，从没把唱歌当成自己的优势或长处。朋友们、同学们也没人知道晓畅喜欢唱歌、会唱歌。但有一次她报名了唱歌比赛，小试牛刀，不仅过了初赛，还进入了复赛。虽然因为经验不足，没有取得好的成绩，但大家的积极反馈，让她信心大增，后来就勇于在众人面前展示自己了。

（4）隐藏的自我。有些信息是自己知晓但不愿意公之于众的。这部分信息，是在人际交往时不愿意自我暴露的部分。每个个体在自我暴露的内容和程度上有很大差异，虽然有时自我暴露有助于人际关系的增进，但能否暴露、暴露多少还是要以自己舒适为主，在权衡了各种情况后，将决定权掌握在自己手中。

顾芳来自离异家庭，她很担心周围同学知道她是离异家庭的孩子，也常常因为这件事情自卑。每次填信息表时，她都遮遮掩掩，生怕被别人看见。这件事情就像心中的一根刺，让她隐隐作痛。虽然周围的人根本不会在乎她是否来自离异家庭，但她自己在乎，而且非常在乎。从小到大，她能瞒则瞒。当看到同学们分享跟爸爸妈妈在一起的温馨照片时，她就很难过。虽然父母离婚不是她的错，但她背负着"离婚是不好的""离异家庭的孩子是不好的"这样的锅，她有时觉得自己好累。不愿意自我暴露是对自己的一种保护，但在这样的情况下，也应该看到弱小的自己，放下包袱，勇敢成长。

良好的人际关系能帮我们更清晰地认识自己。有人说，世上最难的事情就是认识你自己。良好的关系能让我们学会表达、愿意奉献、站在别人的角度考虑问题，不断调整自己的行为和认知，成为更好的自己。

4. 良好的人际关系有助于加深与别人的交往

自己与他人的关系深刻、和谐,对他人也是有助益性的。与人交往的过程中,自己保持一个好的状态是很重要的。首先,要意识到人际交往虽然是两个人的事情,但对我们自己来讲,我们的态度、情绪也很重要。其次,要意识到保持良好的人际关系的信念也很重要。有的人,不管跟谁相处,都会把  关系搞僵,这可能是因为他心中没有这样的信念。最后,要意识到自己友好的信念,更能激发他人愿意友善交往的信心和行动。

个体与他人的关系深刻,也能激发自己与他人平等交往,这对他人的个人感受起到很重要的作用;每个人的秉性、志趣、爱好都不相同,要懂得充分尊重他人,表达尊重,不歧视、不嘲笑,让对方更加愿意跟我们交往;激发个体感恩助人,懂得助人是一种美德,当有人需要帮助时,我们可以放下自己正在做的事情,热情、真诚、投入地去帮助别人,助人是增进友谊的黏合剂,会让双方更加感受到友谊的珍贵。

小郝是个十分热情的人,跟谁的关系都很好。大家都很羡慕她的人际交往能力,她却说,我就是觉得自己要跟别人建立好的关系。小王是小郝的朋友,原本很容易挑刺、很不合群,但跟小郝在一起的时间久了,受到小郝的影响,小王也变得热情、开朗、包容起来,大家都很惊讶。小王说,小郝的为人处世方式深深感染了自己,让自己有了很大的进步。建立良好关系的信念是开始,能加深与他人的交往。

5. 良好的人际关系能够促进信息共享

美国心理学家费斯汀格认为，人际交往有两个功能：一是传达信息的功能；二是满足个体心理需要的功能。苏联心理学家洛莫夫认为，人际交往有三个功能：一是信息沟通；二是思想沟通；三是情感沟通。这两位心理学家均认为人际交往有信息传递的功能。人际交往的第一步就是传递信息，如果这一步没法完成，人们彼此就没法认识，更深层次的人际关系也就无从建立。

没有人能否认现代社会是一个信息的社会，信息已经成为我们生活中很重要的资源。在互联网上获取信息可能很容易，因为基本上不用通过人际交往，就可以获得信息。以前的独家信息，也许在现在互联网的普及下，变得不再是独家信息了，人人能够共享。但特别私人的信息，尤其是一些对我们的生活和成长有用的人生经验，只有在建立了良好的人际关系之后，我们才能获得。在良好的人际关系中，人们愿意把这些信息讲出来，进行交流。正像萧伯纳所说：你有一种思想，我有一种思想，交换之后我们每个人都有两种思想。相反，如果人际关系不好，人们彼此间不愿意分享自己有价值的信息，大家的进步都会受到阻碍。

人际关系对我们每个人都十分重要，不管你对人际关系的需求有多少，也许多一些，也许少一些，但没有人不需要，我们总要在关系中成长、生活。而且科学研究和日常生活告诉我们，不良的人际关系会造成一些身心疾病，而良好的人际关系会对我们的身心健康起到促进作用。想拥有良好的人际关系不是一件容易的事情，这就要求我们不断改变、不断成长，去适应、去建构、去创造、去经营。

第二章

人际交往的理论与人际效应

人际交往并不是无规律可循，很多心理学家提出了人际关系的理论，还发现了人际交往中一些重要的效应，了解这些对我们的人际交往有很大帮助，也可以减少一些人际交往中的问题或不愉快的发生。

一、人际关系理论

关于人际关系的理论很多，主要有以下几种。

（一）社会交换理论

霍曼斯和布劳认为人际关系就是一种物质与非物质的物品交换关系。人际交往是一种相互交换的过程，得到的利益与付出的代价成相应的比例关系。一个人对他与另一个人的交往或友谊所付出的代价和所得到的回报是心中有数的。可能人们并不会特别去计算这些回报和代价，而主要关心的是某个关系的总体结果，即这种关系是使自己得到的多（得到多于付出），还是使自己付出的多（付出多于得到）。这一观点重点强调人与人之间是平等的。

我们通常会偏爱有回报的人际关系。能够给予我们某些东西、某种情感的人会吸引我们，这点并不奇怪。大多数良好的人际关系可以被视为一种利益的交换。我们容易喜欢那些给我们礼物的人、与我们意见相同的人、对我们友好的人、与我们拥有共同兴趣爱好的人、让我们开心的人、为我们雪中送炭的人，除非我们怀疑对方的行为别有用心。交换所涉及的利益既可以是有形的金钱或实物，也可以是无形的赞扬、地位、信息或情感支持。社会心理学家埃利奥特·阿伦森用吸引的回报理论来总结上述特点。只要看看人们在人际交往中的成本和收益，就会理解为何人们会喜欢彼此。简言之，我们最喜欢那些向我们索取最少，但给予我们最多回报的人。

我们常听说这样一句话，"我可以付出，但也需要有回报"。也就是说，一味地付出，没有回报，关系将不能维持，更不能长久。虽然我们未必会介意以社会交换的形式回馈对方，但是，如果有人一味从我们这里索取而不有所回报的话，我们会结束与对方的联系。在最好的人际关系中，双方往往都能从中获益、有所成长，无论是友谊、合作关系、婚姻，还是商业关系，皆是如此。

（二）符号互动理论

符号互动理论侧重研究个体和他人的关系，注重个体之间的互动过程，库利提出的"镜中我"概念对符号互动理论形成有着重大影响。这一理论强调语言在人际交往中的作用，认为由于个体对这种符号的意义会有不同的理解，所以人们才通过人际交往以求达到双方相互理解，这才是人际交往发生的原因。

但我们也应该意识到，在人与人的交往中，非语言信息甚至比语言信息更为重要。非语言信息的存在是对语言信息的重要补充，其重要作用体现在重复、补充、替代、强调、调控等方面。非语言信息也非常丰富，有面部的微表情、身体动作、声音、触碰、外貌、两人交往时保持的距离等。

（三）交往行为理论

哈贝马斯认为人际关系是通过沟通、交往建立起的相互理解、相互尊重的人际关系。在交往中，要做到：（1）互相尊重。在人际交往中，不卑不亢，无论自己的社会地位、财富如何，都要做到从内心认可自己，尊重自己。当我们尊重自己的时候，才能发自内心去尊重他人，同时赢得他人对自己的尊重。（2）平等互助。人无贵贱之分，千万别觉得自己不如他人。不要自我贬低、自我否定，也不要贬低他人、否定他人，就事论事，以平等的身份，以互相帮助的心态进行人际交往才能真正交心。（3）真诚友爱。在人际交往中，一定要坚持真诚友爱的原则，以坦诚之心交往，用真诚之心唤起真诚之心，用爱去感动他人，自己也将会被爱所感动。（4）诚实守信。在人际交往中一定要坚持诚实守信的原则，人无信而不立，一旦失去信任，关系则无法建立。信用是一个人最宝贵的财富，也是人际交往中最尊贵的财富。

（四）人际激励理论

这一理论主要包括需要层次理论、归因理论、期望理论、公平理论。需要层次理论主要包括马斯洛的需要层次理论、舒茨的人际需要理论。马斯洛（1943）在需要层次理论中指出人有归属和爱的需要，这种交往的需要在整个需要体系中占据中间位置；舒茨（1958）提出了人际需要的三维理论，他认为人际关系的模式大致可以通过三种人际需要，即包容的需要、支配的需要和情感的需要来加以解释。这三种基本的人际需要决定了个体在人际交往中所采用的行为，以及如何描述、解释和预测他人行为。三种基本人际需要的形成与个体的早期成长经验密切相关。舒茨进一步根据三种基本的人际需要，以及个体在表现这三种基本人际需要时的主动性和被动性，将人的社会行为划分为六种人际关系的行为模式。

归因理论是海德提出来的。在日常的社会交往中，人们为了有效控制和适应环境，往往对发生于周围环境中的各种社会行为有意识或无意识地做出一定的解释，即在认知过程中，根据他人某种特定的人格特征或某种行为特点推论出其他未知的特点，以寻求各种特点之间的因果关系。海德认为人有两种强烈的需要，一是形成对周围环境的一致性理解的需要，二是控制环境的需要。为满足这两种需要，其中一个要素是培养自己预见别人将会怎样行动的能力。

期望理论是弗洛姆（1964年）提出的。该理论认为，在人际关系中，人们只有自觉地评价自己努力的结果，预测别人的行为对自己的影响，对需要实现的目标做出主观估价，才能提高激励水平，主动与别人建立良好的人际关系。期望理论又称作"效价—手段—期望理论"，这个理论可以用公式表示为：激动力量＝期望值×效价。在这个公式中，激动力量指调动个人积极性，激发人内部潜力的强度；期望值是根据个人的经验判断达到目标的把握程度；效价则是所能达到的目标对满足个人需要的价值。这个公式说明，人的积极性被调动的大小取决于期望值与效价的乘积。也就是说，一个人对目标的把握越大，估计达到目标的概率越高，激发起的动力越大，积极性也就越大。在领导与管理工作中，运用期望理论调动下属的积极性是有一定意义的。

公平理论是亚当斯提出来的。他侧重于研究公平性对人际关系的影响，认为人把人际交往活动看作是以自己的潜能同社会交换的过程，这一过程以个人期待公平结果为前提。如果在一个群体中大家感觉是相对公平的，就容易形成良好的人际关系。因此，在人际关系中应该增加公平性而减少不公平性。

> 小李最近喜事比较多：一家大公司发来面试通知，邀请小李去面试；网上聊了半年的女生，终于同意见面了；工作上取得了一项突破性进展，成了单位的新闻人物……小李决定先去面试，在面试前一天，找出自己好久没穿的西服，上身一试，非常得体，他准备穿着这身西服去面试；接下来，小李准备去见女友，虽然聊了很久，但没见过面，决定好好梳妆打扮一下，以给未来女友留下个好印象；近期在工作上取得了很大的进展，这让他成为目前公司中的头号人物，大家都投来欣赏的眼光，他顿时觉得自己高大了许多……你有过类似的经历吗？这跟人际关系中的交往效应有关，原来都是"交往效应"在作祟。

二、人际效应

人际效应是生活当中较常见的心理现象和规律，是某人的行为或某事引起其他人或事产生相应变化的因果反应或连锁反应，它具有积极与消极两方面的意义。正确地认识、了解、掌握并利用人际效应，对我们的人际交往具有非常重要的作用和意义。

（一）首因效应

有人说，喜欢上一个人需要0.4秒，爱上一个人也只需要8.2秒。有些人只需要一眼，便会一见钟情。这种一见钟情的现象被称为首因效应。"新官上任三把火""恶人先告状""先发制人""下马威"等都是利用首因效应占得先机的例子。

首因效应由美国心理学家卢钦斯提出，也叫首次效应、优先效应，最简单来说就是第一印象效应，指交往双方形成的第一次印象对今后交往关系的影响，即"先入为主"带来的效果。

由于首因效应的存在，第一印象在人际交往中扮演着非常重要的角色。如果一个人在初次见面时给人留下良好的印象，那么人们就愿意和他接近，彼此也能较快地相互了解，还会影响人们对他以后一系列行为和表现的解释。反之，对于一个初次见面就引起对方反感的人，即使由于各种原因难以避免与他接触，人们也会对他很冷淡，在极端的情况下，甚至会在心理上和实际行为中产生与他对抗的状态。因此，我们应当重视与人交往时留给他人的第一印象，利用首因效应，给他人留下良好的印象，为日后的交流打下良好的基础。

虽然第一印象并非总是正确的，但却是最鲜明、最牢固的，并且决定着以后双方交往的进程。这种先入为主的第一印象是鲜明的、强烈的、过目难忘的，对方也最容易将首因效应最先存进大脑档案中，留下难以磨灭的印象。也就是说，人们根据最初获得的信息所形成的印象不易改变，甚至会左右对后来获得的新信息的解释。首因效应并不完全可靠，还有可能会出现很大的差错，但是，绝大多数的人还是会下意识地跟着首因效应的感觉走。

根据第一印象来评价一个人往往失之偏颇，容易被表面现象蒙蔽。其主要表现为两个方面：一是以貌取人，对仪表堂堂、风度翩翩的人容易产生良好的印象，而对其缺点却很容易忽视；二是以言取人，能说会道者往往给人留下好印象。首因效应之所以会引起认知偏差，就在于认知是根据不完全信息而对交往对象做出判断的。俗话说："路遥知马力，日久见人心。"仅凭第一印象就妄加判断，以貌取人，也可能会带来不可弥补的错误。

因此，我们若想在人际交往中获得别人的好感和认可，就应当给别人留下良好的第一印象。比如，初次与别人见面时，要注重自己的衣着打扮，穿着要整洁，打扮应适度；言谈举止要得体，尽可能给别人留下好印象。无论第一印象是好还是坏都是片面的，不利于全面地了解、分析。因此，交朋友时，既要听其言、观其貌，还要察其行。

（二）近因效应

1957年，心理学家A.卢钦斯通过实验证明，在有两个或两个以上意义不同的刺激物依次出现的场合，印象形成的决定因素是后来新出现的刺激物，即印证了近因效应的存在。与首因效应不同，近因效应是指在多种刺激一次出现的时候，印象的形成主要取决于后来出现的刺激。某人或某事的近期表现留下的印象，往往是最深刻的印象。在交往过程中，我们对他人最新的认识占了主体地位，掩盖了以往形成的对他人的评价，因此，也称为"新颖效应"。

多年未见的老友，在自己的脑海中留下印象最深的，不过就是临别时的情景；一个朋友总是让你生气，可是谈起生气的原因，大概只能说上两三条；惦记心中曾经的他/她，其实就是离现在时间最近的与你产生联结的事情……这都是近因效应在起作用。同首因效应相反，近因效应使人们更看重新近信息，并以此为依据对问题做出判断，忽略了以往信息的参考价值，从而不能全面、客观、公正地看待问题。那么，怎么样去解释这种矛盾的现象呢？通过大量的实验证实，首因效应和近因效应依附于人的主体价值选择和价值评价。一般而言，认知结构简单的人更容易出现近因效应，认知结构复杂的人更容易出现首因效应。在交往的初期，首因效应的影响更重要；而在交往的后期，就是在彼此熟悉之后，近因效应的影响也同样重要。

（三）晕轮效应

在人们的交往认知中，对方的某个特别突出的特点、品质会掩盖人们对对方的其他品质和特点的正确了解，这种错觉现象，心理学中称为晕轮效应，又称光环效应、成见效应。简单来说，就是在人际交往中，个体表现出的某一方面的特征，掩盖了其他特征，从而造成人际交往的认知障碍。

晕轮效应往往产生于自己对某个人的了解还不深入，也就是还处于感、知觉的阶段，因而容易受感、知觉的表面性、局部性和知觉所带来的选择性影响，从而对于某人的认识仅仅专注于一些外在特征上。其实，个性品质或外貌特征之间并无必然内在联系，可我们却容易把它们联系在一起，断言有这种特征就必有另一特征，也会以外在形式掩盖内部实质。比如，对于一个长相漂亮的人，我们可能会认为对方学习成绩很好、性格温柔、人际交往能力强等；对于一个写作能力强的人，我们往往认为他/她更加能够主持正义，有文化、有涵养、有责任心等；在购买食物时，我们也会倾向包装好看的、精美的，觉得品质好。外貌堂堂正正，未必正人君子；看上去笑容满面，未必面和心慈。简单地把这些不同品质联系起来，得出的整体印象必然是表面的。

在日常生活中，晕轮效应往往会悄悄地影响着我们对别人的认知和评价。比如，有的老年人因为对青年人的个别缺点，或衣着打扮、生活习惯看不顺眼，就认为他们一定没出息；有的青年人由于倾慕朋友的某一可爱之处，就会把他看得处处可爱，真所谓"一俊遮百丑"。

晕轮效应的弊端在于：第一，它容易抓住事物的个别特征，习惯以个别推及一般，就像盲人摸象一样，以点代面；第二，它把并无内在联系的一些个性或外貌特征联系在一起，断言有这种特征必然会有另一种特征；第三，它说好就全都肯定，说坏就全部否定，这是一种受主观偏见支配的绝对化倾向。但我们可以很好地利用它：（1）晕轮效应是人际交往中对人的影响很大的心理效应，我们在交往中要尽量地避免和克服晕轮效应的副作用；（2）积极发展自己的优点和吸引他人的特质，如友善、诚信、善良、幽默、乐于助人等。总之，要避免晕轮效应对我们的影响，首先要警惕第一印象陷阱，避免以貌取人，学会多视角看待他人。当然，在自身尽量避免晕轮效应带来的负面影响时，我们也可以恰当利用晕轮效应来提高自己的人际关系质量。

（四）刻板印象

刻板印象是指人们对于某一类事物或人产生的一种比较固定、概括而笼统的看法。在人际交往中，我们有时会把对某一类人的整体看法强加到该类的每一个个体上而忽视了个体特征。刻板印象有利于总体评价，但对个体评价会产生偏差。

刻板印象虽然可以帮助我们在一定范围内进行快速判断，不用探索信息就能迅速洞悉概况，节省时间与精力，但是也容易使我们形成偏见，忽略个体差异性。人们往往把某个具体的人或事看作是某类人或事的典型代表，把对某类人或事的评价视为对某个人或事的评价，从而影响正确的判断。若不及时纠正，进一步发展或可扭曲为歧视。人们不仅对接触过的人会产生刻板印象，还会根据一些不是十分真实的间接资料对未接触过的人产生刻板印象。例如：老年人是保守的，年轻人是爱冲动的；农民是质朴的，商人是会算计的等。

实际上，刻板印象的形成，主要是由于我们在人际交往过程中，没有时间和精力去与某个群体中的每一成员都进行深入的交往，而只能与其中的一部分成员交往，因此，我们只能"由部分推断全部"，由我们所接触到的部分，去推断这个群体的"全体"。另外，刻板印象也可以是对某个个体以偏概全的看法。例如：一个人很节俭，你会认为他/她处处小气；一个人很大方，你会认为他/她处处挥霍；一个人很强势，你可能会认为他/她总是喜欢控制……一旦这样的印象形成，就会影响我们与之交往的动力。因此，我们要有意识地重视和寻求与刻板印象不一致的信息，尽量克服刻板印象的负面影响以获得准确的认识。

（五）投射效应

投射效应是指将自己的特点归因到其他人身上的倾向，从而形成对他人的印象。有时候，人们对他人的猜测，无形中透露的正是自己。简单来说，投射效应是在人际认知过程中，人们常常假设他人与自己具有相同的品质、性格、爱好、情感、倾向等，理所当然地认为别人知道自己心中的想法。比

如，一个心地善良的人认为别人都是善良的，一个经常算计别人的人总觉得别人也在算计他。投射使人们倾向于按照自己是什么样的人来感知他人，而不是按照被观察者的真实情况进行感知。当观察者与被观察者十分相像时，观察者的判断会很准确，但这并不是因为他们的感知准确，而是因为此时的被观察者与自己相似。

一个十分经典的例子是"苏东坡与佛印"的故事。苏东坡是个大才子，佛印是高僧。两人经常一起参禅、打坐，一天，苏东坡对佛印说："以大师慧眼看来，吾乃何物？"佛印说："贫僧眼中，施主乃我佛如来金身。"苏东坡听了，自然很高兴。可他见佛印胖墩墩的，想打趣他一下，笑曰："然以吾观之，大师乃牛屎一堆。"佛印听了并未感到不快，只是说"佛由心生，心中有佛，所见万物皆是佛；心中是牛屎，所见皆化为牛屎。"

当人们发现自己有某些不好的特征的时候，为了寻求心理平衡，就会把自己所不能接受的性格特征投射到别人身上，认为别人也具有这些恶习或观念。"五十步笑百步"就是这样的一个例子，自己因为临阵逃脱、表现怯懦而觉得难堪，心里很不舒服，突然发现别人比自己逃得更远，便大

肆嘲笑，以减轻自己的不安。

投射也是一种自我保护措施，这样做可以保证个人心灵的安宁，但往往会影响自己对人和事的正确判断。在这种时候，人们更喜欢把自己所具有的那些不好的特征投射到自己尊敬的人或者比自己强得多的人身上，这样一来，不安就会大大减少。

人们可以根据投射效应从一个人对别人的看法中推测这个人的真正意图或心理特征。虽然人有一定的共同性，有相同的欲望和要求，在很多情况下，人们对别人做出的推测都是比较正确的，但人又是有个性的，如果投射效应过于严重，总是以己度人，那么人们将无法真正了解别人，也无法真正了解自己。

（六）从众效应

从众效应是指当个体受到群体的影响时，会怀疑并改变自己的观点、判断和行为，朝着与群体大多数人一致的方向变化。也就是指个体受到群体的影响而怀疑、改变自己的观点、判断和行为等，以便与他人保持一致，即通常人们所说的"随大流"。

在研究从众现象的实验中，最为经典的莫过于"阿希实验"。1952年，美国心理学家所罗门·阿希设计并实施了一个实验，来研究人们会在多大程度上受到他人的影响，而违心地进行明显错误的判断。他请大学生们自愿做他的被试，告诉他们这个实验的目的是研究人的视觉情况。当某个来参加实验的大学生走进实验室的时候，会发现已经有 5 个人先坐在那里了，他只能坐在第 6 个位置上。事实上他不知道，其他 5 个人是跟阿希串通好了的假被试（即所谓的"托儿"）。阿希要大家做一个非常容易的判断——比较线段的长度。他拿出一张画有一条竖线的卡片，然后让大家比较这条线与另一张卡片上的 3 条线中的哪一条线等长。判断共进行了 18 次。事实上，这些线条的长短差异很明显，正常人是很容易做出正确判断的。然而，在两次正常判断之后，5 个假被试故意异口同声地说出一个错误答案。于是许多真被试开始迷惑了，是坚定地相信自己的眼力，还是说出一个与其他人一样但自己心里认为不正确的答案呢？从总体结果看，平均有 33% 的人的判断是从众的，有 76% 的人至少做了一次从众的判断，而在正常的情况下，人们判断错的可能性还不到 1%。当然，还有 24% 的人一直没有从众，他们按照自己的正确判断来回答。

从众心理在生活中其实是非常常见的。比如，一个人站在大街上抬头看天空，过来一个人问："你在看什么？"抬头的人说："我在看飞翔的小鸟。"于是过来的人也开始抬头看天空，最后，一群人抬头看着根本没有飞翔的小鸟的天空。生活中，从众的例子非常多。比如，闺蜜买了一件漂亮的衣服，而你根本不需要，却在闺蜜的带动下，也买了一件；有一个小吃店成了网红店，下班后，你也去尝了尝；大家都去健身房健身，你虽觉得有必要，但并不喜欢健身房的环境，却依然缴费办卡……

每个人都会有或多或少的从众经历，偶尔地从众并不可怕，只要不影响你向着自己的主要目标前进，就不会有太大的问题。我们要保持清醒的头脑，审时度势，不失去自己的本心，保持自己的个性化，成为独一无二的自己。

我们可能都听说过这样一个笑话，老者携孙子去集市卖驴。路上，开始时孙子骑驴，爷爷在地上走，有人指责孙子不孝，爷孙二人立刻调换了位置；结果又有人指责老者虐待孩子，于是二人都骑上了驴；一位老太太看到后又为驴鸣不平，说他们不顾驴的死活，于是爷孙二人都下了驴，徒步跟驴走；不久又听到有人讥笑：看！一定是两个傻瓜，不然为什么放着现成的驴不骑呢？爷爷听罢，叹口气说："还有一种选择就是咱俩抬着驴走。"这虽然是一则笑话，但是却深刻地反映了我们在日常生活中习焉不察的一种现象——从众效应。

（七）临近效应

俗话说距离产生美，但也有一句话叫作"眼不见，心不烦"。这两句话中的哪一句是正确的呢？研究显示，频繁见面往往能预示良好的人际关系。我们平日见得最多的人往往是和我们住在一起或一起工作的人。在大学的宿舍里，学生比较容易和隔壁的学生成为好朋友，而不是隔了两间屋子的邻居成为好朋友。在整栋楼里，住在同一层的住户比住在不同层的住户更容易交朋友。虽然我们没有必要喜欢我们的邻居，但是临近原则会让我们在几个具有同等吸引力的人中选择离我们最近的那个。因为在得到相同回报的情况下，我们需要付出的成本最少（时间和距离）。

费斯廷格等人在麻省理工学院做过一个实验，将270名学生随机分配在一栋楼的不同房间，之后要求学生列举出3位亲密伙伴。在同一栋建筑同一楼层里的住宿生列出的好友所住房间及比例是：隔壁41%，隔一个房间22%，隔两个房间16%，隔三个房间10%。隔三个房间的距离才20米，可见即使很小的距离，对我们的人际关系也会有着很大的影响。亲密关系更是如此，空间上的临近为两个人的相遇、彼此熟悉提供了机会。频繁的接触会增加我们对他人的喜欢程度。20世纪60年代，心理学家扎荣茨提出了曝光效应的概念，并通过一个有趣的研究来进行说明。在大学学期刚开始的时候，研究者让女大学生分别在某些课堂上出现15次、10次、5次，这些女生只是坐在教室里，从不和其他任何学生交流。在学期末的时候让这个课堂上真正的学生去看这些女生的照片，结果发现出现次数越多的女生，越被大家喜欢。因为临近常常导致熟悉，熟悉又会引起喜欢，所以与他人频繁的接触，不仅能使交往更方便，而且会使我们在对方眼里更有吸引力。

想一下和你关系亲密的伙伴，是不是大多是你的室友或者同学？大学生的恋爱对象也更多的是在同一个班级或者同一个学校。同样的条件和好感度的话，本地恋通常会打败异地恋。为什么空间上的临近这么重要？这是因为如果对方在我们身边的话，我们更容易得到奖赏；如果其他条件相同，身边的人比遥远的人更有优势。距离越远，我们所付出的成本和努力（比如金钱、维持感情花费的时间等）就越多，奖赏价值就越低，而文字和声音远不如近距离的肢体接触更让人感觉到爱意。现在有一部分人是通过网络先认识，之后产生网恋，但在真诚的交往中不会有人想永远网恋，会想解决距离问题。

临近也会有不利的作用。频繁的接触也可能会让人心生厌烦，过度接触则可能并不会产生吸引力。如果我们和某人相处愉快，临近会让我们更喜欢他们；但是如果与讨厌的人临近，可能会让我们更讨厌他们。

（八）煤气灯效应

煤气灯效应又称煤气灯探戈、煤气灯操纵，是指对受害者施加的情感虐待和操控，让受害者逐渐丧失自尊，产生自我怀疑，无法逃脱。煤气灯效应描述的是一种心理操控手段，受害者深受施害者操控，以至于怀疑自己的记忆、感知和理智。

精神控制不一定发生在两性之间，还存在于工作、家庭关系中。为什么我们会被精神控制？因为"它其实是利用了我们最深的恐惧、最急切的担忧，以及内心深处对被理解、被欣赏和被爱的渴望"。当你太在乎一个人的评价时，你就很难坚持自己。解决这种困境的办法，就是不要跟对方争论自己非常确定的事。

《煤气灯下》这部电影告诉了我们该如何逃离精神控制：第一，不要问自己"谁是对的"，要改问自己"我是否喜欢被这样对待"；第二，放弃做"好人"的执念，尽力就好；第三，不要争论你确定的事实；第四，永远对自己做出真实的评价；第五，停止和你的"煤气灯操纵者"争论；第六，允许自己生气，但别卷入关于你的感受或你的意见是否值得被聆听的争论。

目前热议的 PUA，想必人家都听说过，跟煤气灯效应有点类似。PUA，全称"Pick-up Artist"，翻译成中文就是搭讪艺术家。本质是"控制"，即通过一系列手段操控对方的精神，让对方对其百依百顺，从而达成骗财骗色或自我满足的目的。PUA 不仅存在于亲密关系中，也会出现在职场中。

PUA 是怎么在交往中实现的呢？以恋爱为例。第一步：搭讪，通过搭讪吸引目标的注意，成功进行交往；第二步：试探，试探对方的为人，如果是受暗示性强或是比较脆弱的，就是非常容易被 PUA 的对象；第三步：迷恋，通过一些诱导暗示的话术，让 PUA 对象对自己着迷，甚至到依赖的程度；第四步：情感压迫或强迫，故意制造令 PUA 对象觉得有亏欠自己的地方，可以是情感上的，也可以是事件上的，让 PUA 对象陷入自责，并引入情感强迫中去；第五步：让 PUA 对象崩溃，重复第四步的方法，增加 PUA 对象的情感负担，造成自我意识模糊或者丧失，并最终将其引导到受自己控制的地步或自我伤害的地步，PUA 的对象有时不堪重负，会采取极端伤害自己的行为。

PUA 的前三步归纳起来就是：操控。每一份感情，无论男女都会经历 PUA 的前三步。好的恋爱关系是相互尊重，而不是操控。操控就是不平等，一方总想控制另一方，被控制的人不能享受关系带来的幸福，且绝大多数时间是在痛苦中。

在亲子关系中，PUA也会出现。比如，"别人行，你为什么不行""你看看人家孩子""你看某某怎么那么聪明，你怎么这么笨"……这些父母常常说的话，其实都在不经意间PUA孩子。"我听过最恶毒的谩骂，是来自我的父母。"很难想象，这句像极了电影台词的话，其实出自一些普通人之口。在关于原生家庭的话题里，无数人在用类似的句式，表达着自己对父母教育方式的怨愤与身处其中的无助。

小乖上初二了。可以说，初中是一个人成长的分水岭，根据表现的不同，孩子们在这个阶段出现了差异，可能去了高中、职中，也可能辍学不读书了。小乖的父母在这个阶段自然很紧张小乖的学习，为了让小乖好好学习，父母费了不少心血，可就是不见小乖的成绩提升，小乖的父母非常焦虑，寝食难安。小乖的爸爸为了刺激小乖，达到让小乖好好学习的目的，常对小乖说，"你不好好学习吧，长大就得去捡破烂！""你再不好好学习，就上不了高中啦，你就完啦！""再打游戏，眼就瞎了！""不好好学习，你对得起我吗？"这些在部分成人眼中约定俗成的话语、教条，成了无数儿童、青少年的噩梦。即使是长大成人，在不经意回想起曾经遭受的打压时，仍然会感到窒息。

要让自己有正常的社交和爱好；不管是在家庭中、职场中还是恋爱中，不要把自己的人生跟某一个人捆绑得太紧，不要觉得他的话是完全正确的，是必须服从的；要保持自我觉醒，懂得分辨哪些人是真正值得信赖的人。

三、人际交往的深层基础

（一）理想模型

所谓理想模型，很多人将其理解为自己的交往对象是符合自己的某些需要的，比如，长得好看、体贴自己、喜欢读书、能做家务、与自己观念相同、孝敬父母等。条件具体且细致，不符合时便很容易放弃。

理想模型不是一成不变的，而是持续变化的。在每个不同阶段，与自己相处的人，自己喜欢的人、爱恋的人，都是不同的，也都反映出那个阶段的自己内心深处最真实的需求。但是，我们寻找朋友或恋人，与自己的原生家庭有很大关系，尤其是寻找恋人的时候。我们接受了来自父母或重要抚养者的一些观念、特征，在寻找恋人的时候，恋人身上多多少少都会有跟父母或重要抚养者相同的特征或相反的特征。比如，父亲是一个控制欲很强的人，那自己在交友或寻找恋人的时候，也希望寻找一位管事的、能把控的人，或者寻找一位完全听自己的话的、完全不会控制自己的人。母亲的边界感不强，对儿子表现出过度关爱，虽不是溺爱，但跟儿子的关系过分亲密，这导致儿子在找女友时，可能不希望女友跟自己太过亲密。现实生活中，这样的例子比比皆是。找到一个理想型不容易，跟自己的理想伴侣过好这一生更不容易。

每个人都应该对自己负责，在不断与人交往的过程中，发现自己、反省自己，让自己不断成长成熟，对于父母或重要抚养者给自己带来的影响要有觉知，尽量摆脱他人带来的负面影响，做到自己对自己负责。

晓鸥，26岁，早已到了恋爱的年纪。晓鸥告诉自己，找对象一定要找一个老实男人，起码不能动手打我。晓鸥的爸爸有家暴，从小看着妈妈被打，看着妈妈痛不欲生的样子，晓鸥觉得自己无论如何都不能找一个家暴男。终于在几次相亲之后，晓鸥对一位男士很满意，决定交往。从刚开始相处到结婚，晓鸥的老公对她非常好，晓鸥常觉得自己好幸福。幸福的日子并不长久，晓鸥被打了。您可能会说，晓鸥的爱人不是很老实吗？是晓鸥千挑万选选出来的啊，这么老实的人，难道是伪装的？晓鸥也蒙了，怪自己瞎了眼。都说家暴只有零次和一万次的区别，晓鸥不能忍受，那就只能离婚了。离婚后，晓鸥决定自己一个人过。两年之后，又一个比前夫更老实的男士走入了晓鸥的视野，晓鸥想，真命天子来了，又嫁了。看到这，您是不是以为从此公主和王子过上了幸福的生活？错！没有，结婚没多久，第二任老公也开始家暴晓鸥，晓鸥的生活苦不堪言，能怎么办？还得离啊。

奇怪了，怎么两任丈夫都有家暴？晓鸥的闺蜜跟晓鸥探讨到底怎么回事，难道晓鸥是家暴培养皿？晓鸥跟闺蜜诉苦说，我们经常吵架，当我吵不过他的时候，我就会说，有本事，你打我啊。晓鸥的老公们确实很听话，就打了她，而且一次比一次狠。接下来，晓鸥应该怎么办？要么单身，要么成长。

这就说明，我们每个人都脱离不了原生家庭对自己的影响，虽然理想模型跟现实的父母相反，但相反也是另一种相同。这种影响是潜移默化的，如果没有觉察，可能会影响我们一生。只有跳出原生家庭的负面影响，才能活出真正的自我。

（二）理想信念价值观

当我们与他人交往时，最看重什么？颜值、身材、身高、学历、房产，还是其他？可能这些都是你看重的，但并不是最看重的。因为长久跟随一个人的，还是相对稳定的内在品质，比如性格、理想、信念、价值观等。也可能有人会说，我就是喜欢好看的，能够对得上眼的，不行吗？是可以的，这是能进行人际交往的第一步，是首因效应起作用，但接下来能否更顺利地交往和发展，颜值的作用就不是那么明显了。

我们不仅喜欢那些喜欢我们的人，还喜欢那些跟我们一致的人。在跟他们一起处理问题、解决事情时会有一种被认同感，谁不希望自己被认可呢？想想我们自己的交友状况，是不是算得上朋友的、知己的，都是跟我们三观比较相同的呢？

理想信念一致、价值观一致，可以避免很多争吵，互相陪伴时是和谐的、幸福的，这样的友情或爱情，怎能不让人羡慕呢？

（三）依恋类型

个体的依恋类型对关系的影响很大，不仅体现在亲密关系上，也体现在一般的人际关系上。依恋的概念最早是由精神病学家约翰·鲍尔比提出的。他认为，依恋是个体与主要抚养者发展出的一种特殊的、积极的情感纽带，也是指个体寻求并企图与另一个体在身体和情感上保持亲密联系的倾向。也就是说当我们对某人产生依恋时，我们会产生接近他的愿望，分离时会产生焦虑，感到威胁时倾向于寻求他的帮助，并且感受到被他支持时会去探索种种新事物。艾斯沃斯根据陌生情境实验，观察婴儿在和母亲分离、相聚的过程中，以及面对陌生人过程中的表现，将婴儿的依恋类型分为：安全型、回避型、焦虑—矛盾型。

安全型依恋的婴儿与母亲在一起时，将母亲作为"安全基地"，以母亲为中心主动去探索环境，并不是总依偎在母亲身旁，只通过偶尔的靠近或眼神注视与母亲交流。母亲在场时，婴儿感到足够的安全；当母亲离开时，明显表现出苦恼、不安；但当母亲回来时，会立即寻求与母亲接触，将其作为"避风港湾"，易被安抚，这类孩子能快乐地与他人交往，很容易与他人发展出轻松信任的人际关系，约占65%~70%。安全型婴儿的母亲一般对孩子的信号（求助、肢体动作等）及情绪表达很敏感，能及时了解孩子的想法，鼓励孩子进行探索，而且喜欢和孩子有亲密的接触。

回避型依恋的婴儿与母亲刚分离时并不难过，但独自在陌生环境中呆一段时间后会感到焦虑；容易与陌生人相处，容易适应陌生的环境，很容易从陌生人那里获得安慰。当分离后再见到母亲时，对母亲采取回避态度，也有人把这类婴儿称为"无依恋婴儿"。这类孩子经常怀疑和迁怒他人，不容易形成信任和亲密的人际关系，约占20%。回避型婴儿的母亲有多种类型。有的对孩子缺乏耐心，当孩子干扰自己的计划和活动时会生孩子气或怨恨孩子，对孩子的信号反应迟钝；有的对孩子经常表现出消极情感，即使对孩子表达积极情感，程度也很微弱，两者之间并没有形成特别密切的情感联结。

焦虑—矛盾型依恋的婴儿，每当母亲要离开前就显得很警惕，当母亲离开时表现得非常苦恼、极度反抗，任何一次短暂的分离都会引起大喊大叫。但当母亲回来时，其对母亲的态度又是矛盾的，既寻求与母亲接触，但同时又抗拒与母亲接触。当母亲亲近他时，他会生气地拒绝、推开，但是要他重新回去做游戏似乎又不太容易，不时朝母亲这里看。这类孩子由于不能确定抚养者是否以及何时会回来关照自己，与他人的关系就会变得紧张，表现出对他人的过分依赖，约占10%~15%。这类婴儿的母亲常误解孩子的信号，她的照顾行为是不一致的，对孩子的反应更多地依赖于自己当时的心境，而不是孩子的行为。因此，在孩子的信号和母亲的情绪表达间常表现出不一致的情况。

成人在处理亲密关系时也会表现出类似的反应。巴塞洛缪认为人之所以要避免与他人亲密接触，主要存在两种不同的原因。一种是人们希望与他人交往，但又对他人存有戒心，害怕被别人拒绝；另一种是人们独立自主，喜欢自由自在，不喜欢与他人发生亲密的接触。人际关系专家巴塞洛缪认为成人有四种依恋类型，分别是安全型、痴迷型、恐惧型、疏离型。

依恋类型一旦形成，就决定了个体与他人交往时显示出的独特个体特征。在亲密关系中，双方某些依恋类型的匹配可能比其他类型的匹配要好得多，更让人满足和稳定。举例来说，假若痴迷型的人爱上疏离型的人，就产生了依恋类型的不匹配。痴迷型的人会因为对方的感情疏远而气馁，而疏离型的人则会因对方的过度依赖而烦恼。疏离型的一方可能因过于靠近而觉得不舒服，想要回避。接着痴迷型的一方可能由于不满足而做出过激行为，希望以此来吸引对方的注意力。疏离型觉得这正好印证了自己原有的观点——靠得太近会出问题，同时，痴迷型也会因得不到关注而觉得这正好印证了自己原有的疑虑——对方可能不够爱我。双方都不如与安全型的人相处轻松。

有人可能会有这样的疑问，我们的依恋类型能改变吗？依恋类型不是一成不变的，安全型依恋的个体，在遇到不安全型依恋的人，在不断体验三心二意、被抛弃等感觉后，极大可能会转变成不安全型依恋的人，尤其是焦虑—矛盾型依恋的人，日常中看到的"查岗"就是这个现象。"查岗"的人并不舒服，这种不舒服可能是因为"被查岗"的人带来的不安全感造成的。有一句话说得好，可以不爱，但不要伤害。令人可喜的是，当不安全型依恋的人遇到安全型依恋的人，在不断体验安全的感受下，可能会转变为安全型依恋的人。

第三章

人际关系的发展阶段

人际关系的发展不是一蹴而就的，一般来讲都需要经历一个阶段。很多研究者提出了不同发展阶段理论，比如有三阶段论、四阶段论、五阶段论和十阶段论等。虽然阶段划分的方式不同，但基本上都是经历注意、关注、相识、简单交往、深入交往、冲突、破裂等过程。下面将对这几个发展阶段的理论进行详述。

一、三阶段论

勒温格等人认为，关系的发展有三个阶段：第一是单向注意阶段，对方没有互动。第二是表面接触阶段，双方有初步的、浅层的互动，但是还没有相互卷入，也就是说没有走进彼此的私我领域。一般的泛泛之交就停留在这一阶段。第三是相互卷入阶段，双方向对方开放自我，分享信息和感情，这是友谊发展的阶段。

（一）单向注意阶段

注意或觉察是人际关系发展的前提，没有注意，就不会有接下来的交往。个体间的交往，总是从一个人关注开始的，这一阶段双方没有互动。在茫茫的人海之中，有的对面相

逢，有的擦肩而过，由于没有交往的动机，没有特别注意，时过境迁也就消失得无影无踪了。只有一方已觉察到另一方的存在，并进行认真的觉察和判断，才有了交往的可能。

安莲是个可爱又有点羞怯的女生，与外向的人相比，她内向得一塌糊涂。为了锻炼自己的语言表达能力，安莲在学校参加了演讲社团，这对她来讲可是巨大挑战。参加社团活动时，一个高大帅气的男生蔡华走入了安莲的视野。哇，这个男生长得十分高大，大概有185厘米的样子，帅气得像个明星。当然，安莲不是外貌协会的，不只在意颜值和身材，还在意内涵。巧了，蔡华通古识今，非常有才华。集美貌与才华于一身的男生，有哪个女生不心动呢？暗地里，安莲悄悄地观察了他很多次，但并没有引起蔡华的注意。

（二）表面接触阶段

交往之初，双方还没有很强烈的愿望暴露自己，交往仅停留在泛泛之交的程度。不暴露自己，是因为两人的关系还没有达到让自己很安心的程度，也就是俗话说的没有安全感。交往仅停留在袒露一些不太重要的信息上。

念念不忘，必有回响。安莲终于迎来了与蔡华一起演讲的机会。安莲小心翼翼地向蔡华请教问题，开始只是处于请教问题阶段。蔡华知无不言，言无不尽；在演讲方面，安莲进步飞快。他们经常在一起讨论问题，难免会说到关于自己的一些事情，比如，安莲是河北人，父母都是教师，还有一个弟弟在上高中，自己很喜欢文学，平日常看书；蔡华是山西人，父母务农，自己特喜欢看人物传记，觉得自己应该像大人物一样发展。欲说还休的阶段持续了一段时间，在这个阶段，二人主要以讨论问题为主。

（三）相互卷入阶段

这一阶段，彼此更愿意与对方交往，需求更加清晰、明确。彼此能够开放地谈论更多关于自身的话题，不再有畏难情绪，不会觉得不好意思，坦诚相见是这一阶段的特征。随着不断深入的交往，双方相互卷入的程度不断加深，两人的关系将不断走向深入。

随着了解的不断深入，安莲和蔡华的交往意愿越来越强烈。他们的讨论不再拘泥于学习的话题，而是深入到自己的个人问题中。安莲常跟蔡华说起自己小时候的事情，父母是教师，管得非常严格，不让自己多跟小朋友玩，自己在人际交往上从来都很被动。自己还有个弟弟，父母很偏向弟弟，自己常为此不开心，但奶奶比较偏心自己。记得自己问奶奶，什么叫重男轻女，奶奶说，男生的身体重，女生的身体轻。正是由于奶奶的鼓励和支持，自己才没有变得非常自卑，仅有点自卑。蔡华也会跟安莲提起自己的成长经历。父母都是农民，但很注重自己的学习，经常买一些书给自己看。甚至有的时候宁愿省吃俭用，也要买书给自己看，这就养成了自己爱看书的习惯。能考上这么好的大学，自己的父母功不可没。随着交往的不断深入，两人的关系渐渐升温。

二、四阶段论

奥尔特曼和泰勒认为，良好的人际关系的建立和发展，从交往由浅入深的角度来看，一般需要经过定向、情感探索、感情交流和稳定交往四个阶段。与三阶段论相比，四阶段论更加注重情感的投入。跨过相识阶段，从定向到稳定交往的过程，需要情感的不断注入。

（一）定向阶段

定向阶段包括对对方的注意、抉择和初步沟通等多方面的心理活动。在日常生活中，我们并不是同任何一个人都能建立良好的人际关系，而在通常情况下，只有那些具有某种会激起我们兴趣的人，才会引起我们的特别关注。两个人在最初的时候，互不认识，也没有相互注意到。但在偶尔的交往中，对方的某些特质，如某种需要倾向、兴趣特征等能引起我们情感上的共鸣时，则引起我们的注意，从而把对方纳入我们的觉知对象或交往对象的范围。然后，自己对对方表现出特殊的关注，进而发展到两个人相互注意的阶段，从而使彼此之间人际关系的发展获得一个明确的定向。

注意也是选择，它本身反映着某种需要倾向。比如，在我们选择恋人时，某些与我们观念中理想的恋人相接近的个体，尤其会吸引我们的注意。

与注意不同，抉择是理性的决策。我们选择与谁交往，并与之保持良好的人际关系，往往要经过一个选择的过程。这个选择的过程，往往是自动化的，只有与我们有某些一致特征或互补特征的人，才能够进入我们的选择范围。

（二）情感探索阶段

这一阶段的目的，是彼此探索双方在哪些方面可以建立真实的情感联系，而不是仅仅停留在一般的正式交往模式。随着双方共同情感领域的发现，双方的沟通也会越来越多，自我暴露的深度与广度也逐渐增加。当我们处在这一阶段时，和对方有了初步和浅层的互动，主要探索彼此之间可以在哪些方面建立情感联系，但是很少涉及私人领域。交往双方由注意逐渐转向情感的探索，开始角色性接触，如搭讪、聊天、工作上的探讨、学习上的交流和生活上的关照等。这一阶段的交往，彼此还都非常注意自己的表现，一般的泛泛之交就是停留在这一阶段，还没有进入相互卷入的阶段。

（三）感情交流阶段

这个阶段双方关系的性质开始出现实质性变化。此时，我们会觉得和对方之间已经有了一定的安全感，因而，交流时也开始广泛涉及关于自我的内容，并有较深、较多的情感卷入。如果在这个时候双方出现情感上的破裂，将会给个体带来相当大的心理压力。在这一阶段，双方的表现已经超出正式交往的范围，正式交往模式的压力已经趋于消失。此时，人们会相互提供真实的、评价性的反馈信息，并提供建议，彼此进行真诚的赞赏和批评。

（四）稳定交往阶段

在这一阶段，我们已经可以允许对方进入自己高度私密性的个人领域，分享自己的生活空间和很多秘密，甚至达到生死之交的程度。但在实际生活中，很少有人拥有这一层次的友谊关系。实际上，我们会停留在第三个阶段不断反复。由于不断接触，双方情感联系逐渐加强，心理卷入程度不断深入，进入稳定交往的阶段。随着交往双方接触频率的增加，彼此间了解加深，情感联结越来越密切，心理距离越来越小，在心理上逐渐有了依恋和融合，这标志着人际关系性质已经发生了实质性的变化。此时，交往双方的安全感已经确立，对事物的看法、评价逐渐趋于一致，彼此可能会成为知己，所以一旦出现分离、矛盾和不协调，就会产生焦虑、牵挂和烦躁情绪，出现"一日不见，如隔三秋"的现象。

三、五阶段论

与四阶段论相比，五阶段论将认识作为第一阶段，不管是阶梯论还是以个体交往的发展阶段与四阶段论相差无几，但以家庭关系为主的人际关系发展阶段与前面两种有了差别，涉及权力争夺，更强调信任和承诺。

（一）人际关系阶梯论

德里克·德雷珀，是《创造你的成长空间》（中国友谊出版公司，2021年版）一书的作者，为了帮助他人改善职场关系，他创立了人际关系阶梯模型，这一模型将人际关系分为五个阶段。

第一阶段是相处阶段，彼此诚实、互惠地交往，有边界感；第二阶段是产生情感联系阶段，这个阶段所增加的要素有投入、双方敞开内心、真实交往；第三阶段是彼此关心的阶段，增加的要素有尊重、接纳、共情；第四阶段是彼此信赖阶段，增加的要素有信任、原谅、适应；第五阶段即达到亲密阶段,增加的要素有安全感、妥协、谦让、包容。

亲密阶段要求成员间能够建立心理上的安全感、愿意坦陈自身的问题、拥有互相自由挑战的包容性。这个模型描述的是一种渐进式的人际关系发展过程,并不是一个规范化的标准模式,也就是说,并不是所有的人际关系都按照这个模型的阶段发展。模型中所包含的人际关系要素仅仅是为了帮助人们理解或改进现有的人际关系,并向着自己所期望的人际关系靠近。

小吴毕业后,找了一家公司入职。在学校,小吴一切随心所欲,喜欢的人就多交往一些,不喜欢的人干脆不交往,和同学们相安无事,顺利度过大学四年。初入职场,他发现人际交往变得比学校更复杂一些。小吴意识到要在职场生存下去,人际交往挺重要的,不能再随心所欲了,还是要付出一些真心的。小李坐在小吴的对面,每天抬头不见低头见,小吴特别想跟小李成为好朋友,这样在公司中,有什么事情可以相互商量。小吴一改大学时的常态,变被动为主动,真诚地跟小李进行沟通交流,在初始阶段,小吴非常有边界感,因为小李比他来得早,他称小李为李哥。小吴跟小李经常一起吃午饭,一起下班,交流得多了之后,向对方吐露的心声就多了起来,两人也更加了解了。一天,领导交给小吴一件重要的工作,小吴以前没接触过,不知道怎么做,但时间很紧,小吴就按照自己的思路做了起来,当把文案做好交到领导手中,没想到得到了一顿批评。小吴实在是又愤怒又委屈,心情糟糕极了。小李看到后,约小吴下班去吃饭。小李在饭桌上,安慰小吴半天,把自己刚入职的事情、受到的委屈讲给小李听,也从自己的角度谈了对领导的看法,鼓励小吴有则改之无则加勉。危难之中的帮助,更容易让两个人走近,从此,小吴跟小李经常互通有无,互相帮助,互相包容。经过几个月的历练,小吴已经适应了职场中的人际关系，成长也是非常迅速。

（二）以个体交往为主的五阶段论

第一个阶段是认识阶段。六度空间理论，也称小世界现象、六度分割理论、小世界理论等。这一理论指出，我们和任何一个陌生人之间所间隔的人不会超过六个，也就是说，最多通过六个中间人，你就能够认识任何一个陌生人。也有人说，这个世界上没有陌生人，只有还没来得及认识的人。这样的认知，给了我们很大的信心，跟他人认识、交往似乎不再困难。认识是建立人际关系的第一步。

第二个阶段是熟悉阶段。从认识到熟悉是一个常来常往的过程，怀着一颗平常心、一颗助人的心，在与人交往时能让人有收获、对人有帮助，慢慢地就会彼此了解，经常在一起，成为交往的伙伴。

第三个阶段是喜欢阶段，做一个让人喜欢的人。进入这一阶段的标志是，对方开始跟你探讨生活中的问题或细节，彼此成为对方的生活顾问。他开始全然地接受你的建议，甚至开始把你带入自己的朋友圈中，介绍自己的友人给你认识。

第四个阶段是信任阶段。进入信任阶段，彼此可能会成为对方在一些重大事情上的建议者甚至是决策者。教师之所以能影响很多人，是因为好的教师可以启迪人的智慧，用满满的正能量、积极的思维方式，甚至自己的生命影响学生的生命。

第五个阶段是深入交往阶段。两个人在这一阶段，可以共同分享自己的人生观和价值观，成为人生的同行者、支持者、勉励者。

你有没有过这样的经历？刚开始跟一个人交往，有点羞怯，不好意思总是主动联系，随着交往的深入、时间的延长，对对方的思念日渐增多，恨不得天天见面、随时见面，总是想腻在一起。这个阶段大概有几个月的时间，之后两人可能就会想寻找一些独立的空间，如果这个阶段能平稳度过，关系就能继续顺利发展，但很多关系在这个阶段就戛然而止。谁不期待关系的维系和推进呢？在经历争吵、探索阶段后，两人进行了必要的磨合，探索出新的相处模式，从而让自己舒服，也让他人舒服，即关系进入新的阶段，这个阶段的关系更加稳定。

关系的发展，与太多因素有关，发展到哪一步，看似偶然，实则必然。人与人的交往，尤其是深入交往，是一件很复杂的事情。我们可能以为，恋爱就是两个人的事情，但其实是六个人甚至更多人的事情，每个人都深受原生家庭的影响。所以，人与人的交往很复杂，不简单。

（三）以家庭关系为主的五阶段论

第一阶段是浪漫期。这个阶段指的是刚开始，两个人遇到时，互相不了解，互相不清楚对方的状态，仅仅是靠好感、好奇，两个人慢慢靠近。这个阶段双方的感觉是最好的。因为对方就是我们自己理想的一种投射，是自己理想的一种假设。

有个成语叫雾里看花，这个花本来就很美，但在没有看清楚时让人觉得才是最美的。一旦参透，可能就没有那么喜爱了。所以，在最初和人交往的时候要观察对方，内省自己。经过长期观察后，彼此取得信任，双方也在某些方面获得了价值的统一，就可以建立某种稳定的关系，以后遇到了问题，也可以解决。如果在最初不能仔细观察，在对对方不了解、对自己也不了解时，就轻易跨越了前面的阶段，走到下一个阶段，那么后面很容易出问题，很容易产生矛盾，导致关系破裂。闪婚闪离就有些这样的意味。

第二阶段是权力争夺期。浪漫期过后，就进入权力争夺期，每个人都有种种缺点，对方的晕轮效应消失后，我们就看到了这个真实的人而非理想中的人。权力争夺期就是当人和人之间没有了秘密，没有了朦胧的好感，没有了原来存在的吸引力的时候，冲突期就出现了。几乎每个家庭都有冲突期。如何度过冲突期，如何转变为一种相对的平衡，每个家庭都不同。

第三阶段是相互观察期。这一阶段就是了解、观察对方。通过进一步地观察对方、了解对方，再了解自己。实际上，前面所谓的浪漫期就是远远地观察对方、观照自我的过程。而权力争夺期是近距离地观察对方，双方互相观察，再进一步观察自己的一个过程。

在观察对方、内省自己的过程中，人们往往会经历最初的好奇、互相有好感的阶段（类似浪漫期）。双方关系密切了，甚至每天生活在一起，相互观察就越来越细致了。当双方产生矛盾、冲突后，我们往往会按照自己的想法去要求别人、说服别人，甚至用一些强迫的方式让对方顺从我们。当我们通过某种方式，使一方服从另一方，或者双方在某种程度上都进行了让步，在问题上达到了一致，即使某些方面不一致，但双方也不去干涉了，不去碰撞了。在不同的阶段双方保持着一定的距离，也能够达到一定的平衡模式，最终走入"整合期"。

第四阶段是整合期，也是建立信任的过程。前面的冲突和有吸引力的方面，都已经清清楚楚地摆在双方面前了，双方开始有一个比较长时间的建立信任的过程。

建立信任的过程中，有些理念是一致的，有些理念是不一致的。对不一致的，我们还是会试图用自己的方式使对方能够接受，对方不接受的话，又产生一定的冲突，冲突以后慢慢又达到一定的整合，这是个循环往复的过程。整合、冲突、整合、冲突、整合……慢慢地我们找到平衡了，知道某些方面双方都不能触碰，否则就是争吵。

个体的成长，实质上就是在不断地观察事物、不断地了解事物的过程中慢慢成长起来的。让自己不断地适应周围的环境，提升我们的能力，学习过去的经验教训，学习社会庞大的知识体系，从生活中慢慢地体会并掌握生存之道。整合其实就是一种综合能力的重新认识，是在不断认识、深入了解后将各种信息、资源跟我们自身能力不断调整、匹配的过程。可以说，整合期实质上就是一个持续更新的过程。

第五阶段是承诺期。经过长期调整，自己慢慢地与他人建立了一定的"承诺"关系，承诺实际就是价值的统一。这种承诺也在不断地调整，不断地变化，不断地进入更高的层次、融入更多的内涵。

在承诺期，建立某种信任、建立某种价值、建立某种关系的过程是深入扎根的过程。人在成长过程中，从最初的不懂事、鲁莽，一点点地通过整合，慢慢走向承诺期，慢慢成熟起来。在生活中，个人的成长是这样，家庭、夫妻的成长也是这样。承诺也体现了一种责任和担当，这在人与人的交往中是很重要的。

四、十阶段论

关于人际关系的发展阶段最著名的一种模式是由马克·克奈普发展出来的，他将关系中的起起落落分为十个阶段，包含"聚合期"和"离散期"两个层面，见图2。其他研究者认为，所有的沟通关系中都应该包含一个可被称为维持期的第三层面，以确保关系正常、顺利地运转。

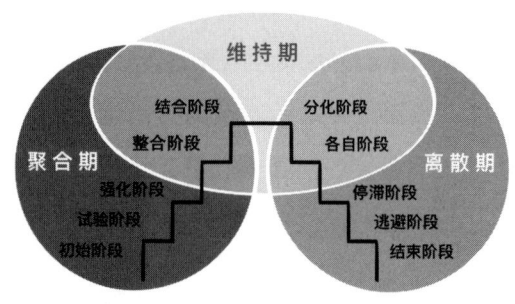

图 2　人际关系的十阶段论

（一）初始阶段

第一阶段的目标在于表现出我们愿意与对方接触，并且我们是值得交谈的那种人。初始阶段的沟通通常是简短的，往往遵循一些常见的样式，比如握手，谈论像天气这样无关紧要的话题，友善地表达自己。这些行为可能看起来缺乏深度且没有意义，但它们却是一种信号，表示我们有兴趣与对方建立某种关系，而不需要我们说："我是一个友善的人，我想要认识你、了解你。"

初始关系——尤其是恋爱关系——对于害羞的人来说尤其困难。在这种情况下，网络社交可能会促进彼此的联系。这就是为什么年轻人——不论害不害羞——都喜欢使用网络社交平台来开始一段关系。

（二）试验阶段

在与新朋友有些接触后，下一阶段就是考虑彼此是否有兴趣进一步发展这段关系。这个阶段不确定性的因素有所减少——通过获得更多有关他人的信息逐步了解对方的过程。不确定性减少的一个常见部分就是寻找双方的共同点。

你从哪里来？你学什么专业？"闲谈"是试验阶段的最佳保证。尽管我们可能不喜欢闲谈，却还是容忍了闲谈带来的折磨，因为我们知道闲谈有很多作用和功能。比如，能帮助我们找出共同感兴趣的事情；提供一种渠道，帮助我们决定这份友谊是否值得经营；可以缓和关系；提供与他人的联结。

研究发现，通过电子邮件发展关系的人们开始询问有关态度、见解和偏好的问题比面对面接触快得多。使用电子邮件的人看不到彼此的非语言反应，这显然是有助于沟通的。

（三）强化阶段

到了强化阶段，真正的人际关系才开始发展。两个人在强化阶段的沟通模式会发生一些改变：向对方表达情感的次数变多。两人会共同参加活动，跟共同的朋友逛街、用餐、旅行等。双方会花更多的时间一起度过，互相支持，为对方做些有趣的事。比如，给予对方一些富含情感的纪念品，通过非语言表达情感等。强化阶段通常是关系中令人兴奋甚至欣喜的时期，也是令人兴奋和陶醉的一个阶段，是情侣的热恋阶段。

（四）整合阶段

当关系增强后，双方开始具有作为一个社会单位的身份，同时放弃自己一些特质、特征或观念，与对方建立一致性认同。即整合阶段是我们放弃自己旧有的某些人格特质，与他人发展共同身份的时期。

在亲密关系中，情侣开始邀约，社交圈开始整合，双方开始向彼此做出承诺，大家开始认定某些事物为共同财产，等等。比如，说我们的家，我们的房子，我们的车……与他人整合时，对对方的责任感也会增加，我们会主动提供一些资源，例如上课笔记、金钱……有研究发现，这一阶段，对方会表现出较少的要求。

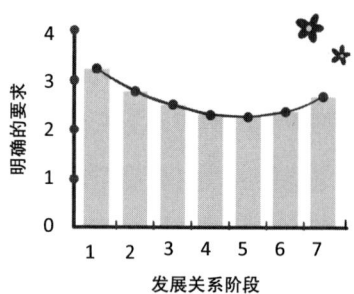

图3　明确的要求在发展关系阶段中的变化图

（五）结合阶段

在结合阶段，双方会用一些象征性的公开姿态，来告诉全世界他们的关系是存在的，如结婚、结盟仪式等。公开意味着不隐瞒，也意味着承认两人的关系，给对方安全感。

我们把结合关系定义为那些包含重要的公开承诺举措的关系。关键的是，结合阶段是一段关系发展的顶点，也是关系中的一个转折点。从试验阶段逐渐进入强化阶段，然后到整合阶段，关系一直是以一种稳定速度发展的。然而，现在的承诺就像是冲刺。对关系进行公开地炫耀和专有地宣称都使这个阶段有着明显的不同。

（六）分化阶段

即便在最坚定的关系中，人们也需要维护他们的个人身份。分化阶段就是"我们"取向已经发生转变，开始出现越来越多的"我"的信息的时候。双方拥有各自的空间和时间，不再像之前的阶段做什么事情两个人都在一起，这个阶段的两个人更加独立。交谈的焦点从"我们"周末计划做什么变成了"我"这个周末要做什么。

当一段关系开始经历第一次不可避免的压力感时，分化通常就发生了，分化阶段是关系发展的必然。但是，这种对自主和改变的需求不见得都是负面经验。人不仅是关系的一部分，也是一个独立的个体，而分化是走向自主的一个必要步骤。成功分化的关键在于当我们为个体存在创造一些空间的时候，还能遵守彼此在关系当中做出的承诺。

（七）各自阶段

在各自阶段中，成员沟通的品质和数量都在降低。限制和约束是这个阶段的特征。花较少时间在一起，沉默，不去讨论不认同的话题，逐渐减少沟通的时间，都是沟通品质和数量降低的表现。当一段关系中分离的部分明显多于整合的部分时，或者当分离的部分严重限制了互动时，问题就会产生。

（八）停滞阶段

如果各自阶段持续下去，关系就会进入停滞阶段。强化阶段的兴奋感早已过去，双方用老旧而熟悉的方式对待彼此，双方都没有什么感觉。厌倦同样的对话、熟悉的方法，伴侣之间没有愉悦和新鲜感，彼此不再能相互促进成长。这样的关系是虚假的关系。比如，没有感情的两人在离婚前还会维持好几年的婚姻。

（九）逃避阶段

当停滞阶段变得过于令人不愉快时，关系双方就会开始在彼此之间制造物理距离，这就是逃避阶段。在这个关系阶段中的个体会创造出生理上的距离。有时会找借口，比如"我生病了，没办法去见你""我特别忙，没时间陪你"；……有时会直接表达，比如"别给我打电话，我现在不想见你"。

关系的厌恶从结合、停滞到逃避，并不是不能避免。一段婚姻是以离婚收场还是一直保有之前的亲密感，最大的不同在于当伴侣感到不满意时双方的沟通情况。不成功的伴侣通过回避、间接面对和减少联系等方式来处理他们的问题。相比之下，那些成功修复关系的伴侣往往以直接得多的方式沟通，他们会正视彼此关心的问题，并且花时间和精力来找出问题的解决之道。

（十）结束阶段

并非所有的关系都会结束，但的确有许多关系会恶化并走到最终的结束阶段。这一阶段，包括进行终止关系和希望分开的简要谈话。根据个体的不同，可能有的人觉得这个阶段非常短暂，也可能有的人需要相当长的一段时间才能走出来。

关系并不总是一下子结束的，而是以一种来来回回的模式朝着瓦解前进。结束的方式可能就是一顿真诚的晚餐、餐桌上的一张纸条、一个电话或者一个法律文件……

不管在这一阶段所花的时间是长是短，都不必把结束当作完全负面的经历。了解到彼此在关系中付出的精力以及自我成长的需要，或许可以减少难过的感觉。

五、人际关系破裂五阶段论

我们期待跟朋友地久天长、跟爱人白头偕老，但并不是所有的关系都能成功，或陪伴我们走到生命的尽头，地久天长、白头偕老可能这只是我们的期待或理想情况。现实的情况往往是，当我们的关系走到某一个阶段的时候，可能由于某种原因就恶化或破裂了，这个原因可以小到仅是因为一次争吵、对某个问题的观点不一致。研究者认为，人际关系从融洽走向恶化和破裂，通常会经历五个阶段。

（一）分歧阶段

人际关系的本质是情感的相互联系、相互卷入、相互拥有。它的基础是关系的双方必须有共同的情感。共同情感存在，彼此的关系就存在；共同情感消失，彼此的关系就破裂。而分歧正是共同情感领域缩小乃至消失的开端。分歧意味着人际关系双方的不同点扩大、心理距离增加和彼此的接纳度下  降。随之而来的是，双方在知觉和理解上都朝不利于双方关系的方面倾斜，彼此都感到开始难以准确地判断对方。

（二）收敛阶段

沟通过程中的轻松和愉快开始消失，当双方关系疏远的时候，自然会减少交流的机会。此时双方都开始注意沟通内容的选择，试图避免触及对方的敏感话题，并都指向减少彼此的紧张和不一致，交往开始存在压力。当然，双方关系的发展还没有足以使他们明确表示对彼此的关系不再有兴趣，情感上的拒绝水平也还较低，在表面上仍试图维持关系状态良好的印象。在第三人的眼中，这一阶段双方的关系还是良好的，只要双方愿意恢复亲密的关系，就可以打破冷漠。如果第一阶段出现的分歧没有得到顺利解决，导致双方较长时期内都以收敛的方式交往，则关系会出现进一步的恶化。

（三）停滞阶段

交往双方开始放弃增进沟通的努力，交往的氛围冷淡，此时双方已不太愿意进行直接的谈话，而是多凭非语词方式来实现必要的沟通和协调。

双方不愿意进行谈话，目光冰冷，故意躲闪，也没有交往的欲望，双方开始放弃增进友谊的努力，关系更加冷漠。很多人会将这一阶段维持很长时间。原因有两个：一个是期望关系仍然朝好的方向发展，不愿意一下子就明确终止关系；另一个是考虑到自身的利益，很难一下子适应突然失去某种关系的支持。虽然这样的关系令人不舒服，但人们还是会在一定程度上维持某种关系。

（四）回避阶段

随着关系的进一步恶化，人际交往的双方尽可能地相互回避，尤其是两人的单独相处，以避免尴尬和困窘。从状态来看就是相互疏远。关系恶化到这一阶段，人们往往感到很难判断对方的情感状态和预测对方的行为反应，这也意味着双方的信任已经不存在了，所以，交往时更加小心翼翼。在这个阶段双方开始避免交流，感情逐渐变淡。许多人在婚姻关系或亲人关系达到这一状况时，都通过第三者来实现间接的沟通。这一阶段很容易发生纯粹主观的误解，因为人们都有强烈的自我保护倾向，对许多本来正常的人际行为都会有过敏的反应。

（五）终止阶段

关系的终止可能是立即完成的，也可能拖延很久。随着彼此相互交往的断裂，或彼此利益依存关系的解脱，就会走到这一阶段。这是冷漠、逃避和疏远的必然结果，冷漠和回避的关系状态会转变为关系的最后终结。

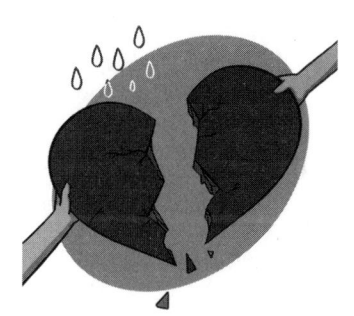

因为此时，结束这段关系是让双方解除心理负担、减轻痛苦的唯一选择，这个结果对某些人来说可能是解脱，对某些人来说可能是创伤。

与建立关系相比，估计没有人愿意关系破裂吧。小顾和小史是大学同学，他们大学期间的恋爱经历是美好的，恋爱之后的结婚也是幸福的。小顾和小史是什么时候产生分歧的呢？在挣了第一桶金之后。小顾的家庭是妈妈掌管财政大权，家里的收入都在妈妈手里，爸爸每月如实上交，然后妈妈再给爸爸一部分零花钱，小顾以为，所有的家庭都是这样的。小史家正好相反，小史的爸爸掌握着家庭财政大权，每个月给妈妈一些零花钱，如果妈妈不够就再管爸爸要一些，小史以为，是男人，就该这样，每个家庭都是这样的。小顾期待着小史能把钱交给自己管理，小史觉得小顾可以把钱给自己，或者每个人自己拿自己的钱，家庭有大事就一起分担。开始时，小顾觉得这样也可以，自己拿自己的钱，但是，她总过不了心中的那个坎，因为她觉得男人爱自己的表现就是将钱交给自己管理，这样才像是一家子。可小史就是不交。两人的分歧就这样悄然无息地产生了。小顾觉得小史不爱自己，小史觉得小顾任性，两个人逐渐疏远对方，不再像以前那么亲密。关系越来越远，而谁也不愿打破这样的僵局，但就此分手又觉得可惜，继续冷战。以前回家很热闹，小顾会做好饭等小史，现在回家很冷清，小顾要么回娘家，要么自己看手机看电视，不会再像以前一样等小史。小史也越来越晚归了。两年之后，还是没有逃脱离婚的厄运，婚姻以失败告终。谁能想到，最初的导火索居然是因为观念的不同。小顾和小史走完了关系破裂的所有阶段。

另外，有研究发现，导致关系变淡、变弱、变远还有以下几种可能的原因。

（1）空间上的分离，交往的一方迁徙到别的地方，物理距离的增加造成了心理距离的疏远。虽然分离的双方可以通过书信、电话、电子邮件等形式保持联系，但是最现代的通信工具也取代不了面对面交往。尤其是恋爱中的人，异地恋的维系是靠一沓沓车票或机票实现的，而且异地恋的成功是靠两个人尽早奔向同一个地点实现的。

（2）新朋友代替了老朋友。人的精力总是有限的，与新朋友交往的次数、时间不断增多，与老朋友的交往自然就会变少、变淡。随着时间的推移，在我们的人际交往中，不断会有新人加入，也会有老人退出。

（3）逐渐不喜欢对方行为或人格的某些特点。一方面，个人的喜好标准可能发生变化，比如，以前你喜欢对方爱说的特点，现在你可能厌烦对方这个特点，是你发生了改变还是对方发生了改变？可能是自己的喜好标准发生了变化。以前因为年轻，不觉得唠叨是令人厌烦的事情，但现在工作又忙又多，再有人唠叨，你可能就会觉得是聒噪，心生厌恶。另一方面，交往中可能发现对方的一些新的特点，而这些特点恰恰是自己不喜欢的。这种情况也是很常见的，比如，你总觉得你的朋友很内敛，交友特慎重，但30岁之后，发现他特别喜欢在网上交朋友，而且经常跟你聊起他的一些见闻，你觉得实在是不能接受；或者一位已婚人士，经常看网上的相亲节目，你觉得这跟你的价值观不符，不能聊到一起，经常感觉很尴尬，最终决定减少交往。断交或分手时，人们常会提到"性格不合"，性格不合因不能被量化，也很难去衡量，往往成为分开的无懈可击的理由。

（4）交换回报水平的变化，即一方没有按照另一方所期望的水平给予回报。

（5）指责或批评。萨提亚人际沟通模式指出，沟通一般有五种模式，分别是指责型、讨好型、打岔型、超理智型和一致型（后面会详细谈到这一部分）。与指责型的人相处真的很累，因为他们的习惯就是不断挑毛病、看缺点、找错误。可以说，不管做什么事情都是错的，不做事情也是错的，仿佛自己在对方面前就是一个错误的存在，与这样的人交往，关系必然会疏离，只是早晚问题。

（6）泄密，即将两人之间的秘密透露给其他人。这样的行为会让我们感觉很愤怒，能将秘密告诉对方，一定是将对方当作能保守秘密的人，或我们很看重这段关系。而对方将秘密泄露给他人，隐含着不看重关系或不看重我们的意味。

（7）没表现出信任、积极肯定等情感支持。人际交往的功能中，就包含满足个体的基本心理需求。情感上的支持包括克服孤独、安抚情绪、肯定行为、鼓励行动等，当我们互相满足了基本心理需求并获得了情感上的支持后，交往才有意义。"只坐着不说话"有没有满足心理需求？当然有，可能那个时候，需要的正是陪伴。

怡心和小张在大学期间谈的恋爱，两人关系非常要好，眼看着要大四毕业，两人商量继续在一个城市读书，最好还是一个学校。但事与愿违，怡心继续留在本校读研，小张则调剂到了外地的一所高校。不能在一起读书，让两个人都很难过，但又不得不面对现实。开学初，两人还能够经常聊天，过了三个月，关系渐渐变淡。怡心经常联系不上小张，电话打过去，不是不接就是挂断，忙是最常说的借口。怡心凭自己的直觉，觉得他们的关系出问题了，坐着火车就去了那个城市，在校园中，看到小张跟另一个女孩在一起。在这个案例中，出现了好几个导致关系破裂的因素，您找出来了吗？

每个个体对关系的理解或需求是因人而异的，有的关系可能越来越好，有的关系可能越来越淡。好的关系需要经营，就像我们养花花草草，需要阳光，需要定期浇水，让关系有营养、能滋养。导致关系变淡、变弱的原因不止以上这些，可能有成千上万种，但最重要的一点是，对方或双方没有了交往的意愿，任何原因都可能变成终止关系的借口。痛苦、难过不可避免，但告诉自己不要过分悲伤，不要去强迫维持关系，俗话说得好"强扭的瓜不甜"。可以用"随缘"安慰自己，接纳所有的悲伤和失落，只有这样，才能放手。潇洒地放手，是对自己最好的关照；潇洒地放手，才能让自己开始发展新的关系。友情、爱情均是如此。

第四章

与朋友、父母的关系

在人际交往中，与我们关系较为密切的，要么就是有血缘关系的，要么就是相处时间久的。相对于其他人，同学、知己可能算是相处时间比较久的；有血缘关系的人更不用说，我们常提到的一个词是"血浓于水"，虽然原生家庭可能伤害过我们，但给予我们温暖、支持的时候也是比较多的。

一、朋友关系

（一）同学关系

"我同学"可能是成年人的世界中经常提及的三个字，可见对于我们而言，同学关系非同一般。从幼儿园起一直到大学甚至研究生阶段，可能都会有我们建立起来的深刻的、令人难忘的、陪伴一生的同学情。

为什么好的同学情能让我们记忆深刻且持久呢？这是因为每个人在刚开始交往的时候，都会带有一定的防御性，也就是与不熟悉的人交往时，出于保护自己

的目的，一般会对他人有所隐瞒，隐瞒并无恶意，而是为了安全。随着交往的深入，我们才会慢慢打开自己，卸下防御，一旦卸下防御，可能两人的关系就从量变到质变了，会有比较大的进展，但这需要时间和过程。每个个体都不同，每个人需要的时间也是不同的。同学之间感情深厚，有很大一部分原因是在一起相处的时间长了，时间就是成本，投入的越多，感情自然越好。随着时间的推移，虽然不经常联系，但只要一拿起电话，我们会发现曾经的熟悉又回来了，还是可以敞开心扉、无话不说。有人说，同学之间的交往，可以让我们退行，退行到曾经的学生时代，那时的无功利、单纯的感情交往，是多么令人留恋。

舍友情似乎是比同学情更深一些，因为宿舍是我们在学生时代生活过的最小空间，具有空间稳定性，也是最放松的生活休息场所。宿舍人际关系大致可分为和谐型、松散型及分裂型。和谐型的宿舍，其成员之间关系融洽，经常相互沟通、相互合作、互相关心，在认识和情感方面没有明显对立和冲突，宿舍气氛是轻松、愉快的，宿舍就像是一个温暖的家。松散型宿舍，其绝大多数成员之间缺少直接沟通与合作，也没有很大的情感上的冲突，自己只管做好自己的事情，缺乏集体观念。分裂型宿舍中既没有共同接纳的成员，也没有共同排斥的对象，大多数人处于对立、冲突的关系之中，一旦与室友之间发生矛盾，就很容易影响到他们的生活质量，宿舍气氛紧张、压抑和烦躁。

谁不期待和谐的宿舍关系呢？而这需要大家的共同维护。毕业后的若干年，再回想起当年在宿舍发生的各种有趣的事情，岂不妙哉？

有个心理游戏是写下你心中重要的他人。游戏是这样做的，画一个5层的同心圆（见图4），圆心处写上自己的姓名，根据他人与我们的亲疏远近，在同心圆的不同圈层写下他们的名字。被当事人提及最多的是父母、同学、朋友，有的人提到了具体名字，有的人写得很笼统。被问到为什么这样排序时，我们从当事人的回答中发现有个规律可循，即圈层从外到内依次体现了被提及人在当事人心中的位置，而位置的远近体现了被提及人给当事人带来的不同的情感支持。也就是说，越在里圈，给当事人提供的情感支持越多，而与年龄、性别、职业等无关。看来，能成为我们关系最好的、我们最在意的人，一定是能给我们提供情感支持的，尤其是当我们遇到重大事件时，会拉我们一把、拽我们一下的人。

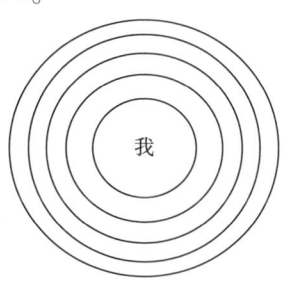

图4 我心中重要的人

（二）知己

人的社会属性决定了我们需要朋友。每个人对友情的需求程度不同，也就决定了交友的多少、亲疏远近的不同。是交广而浅的朋友还是精而深的朋友，可以按照自己的需求而定，适合自己的就是最好的。

古人云，朋友为五伦之一。交上等的朋友，交到君子，我们容易学为善人；交下等的朋友，交得小人，我们可能变坏。我们交朋友，总要抱定"无友不如己者""金石交"作坚固友情的见证。除了金石交，古书中还有刎颈交、忘年交、口头交、势利交等。以势交者，势倾则绝；以利交者，利穷则散。

古时西洋三友的故事令人羡慕。尤里米达士有两个至交，一个叫蔡李葛薛诺士，另一个叫亚力秀士。尤里米达士极贫穷，蔡李葛薛诺士、亚力秀士富有。尤里米达士在临终之际，立了一个遗嘱："（一）致亚力秀士君：请你维持吾母亲的生活。（二）致蔡李葛薛诺士君：吾女将嫁，请预备相当的嫁妆……倘亚、蔡二人有一人死亡，其子应代行父职。"这种遗嘱，罕见；这种交情，绝少。尤里米达士的遗嘱，他的两位好友都一一遵照实行了。拥有这样的知己，实则幸运。

古人有云，人生得一知己足矣，酒逢知己千杯少，说的都是知己对我们的重要性。人的一生，可能会遇到很多人，有的人能在我们的生命旅程中留下痕迹，有的人匆匆而过，不留一丝痕迹。能够成为朋友的很少，能够成为知己的更是寥寥无几。

何为知己？

知己，应该是一个能够理解我们、和我们共情的人，愿意跟我们分享、愿意听我们诉苦的人，而恰好我们也愿意。苦了，可以情感依靠；累了，可以心灵安慰；快乐，可以一起分享。知己，如亲人，似爱人，从心灵深处给予我们温暖。成为知己，不限定年龄，不在乎相貌，而是一份淡淡的共鸣。我们的苦，我们说，他安安静静地听；我们不说，他也会知道。所有的关心都恰到好处。在知己的面前，我们可以完全袒露自己，放松心情，没有拘束的感觉，不会有很多顾忌，不担心秘密被散播，不担心尴尬的事成为笑柄。我们的喜怒哀乐，都可以被分担、被理解、被分享。

不是所有朋友都能跟我们一路同行，即便是知己，也并非会一成不变。要学会从同路中寻找同伴，不一定非要拽着旧人上路。人生的列车，随时可能有上有下，几乎没有人能陪我们走完全程，不要太念念不忘，心存想念、心存感激就好。

（三）网络社交

随着互联网的普及、信息技术的进步，人们不再局限于面对面的现实社交，而是转向以电脑或智能手机为媒介的网络社交这种新的交流渠道，大量的人际关系起源于网络社交，甚至越来越多的恋爱关系也诞生于网络。网络社交，彻底改变了人们的沟通方式、生活方式。

人们需要社交，人际关联性是体现个体作为社会存在的重要方面。美国新精神分析学派代表人物之一沙利文认为现实和理想的人格都依赖于人际关系而存在，"人格从来不能与复杂的人际关系相隔离，人们生活在这种复杂的人际关系中，并成为他自己"。好的人际关系有利于个体维持心理健康。网络社交是传统社交在网络平台的延伸，是深受大众喜欢的一种交往方式。这种交往方式带给我们开放、自由、平等的感受，它同时具备虚拟性、多元性、异化性等特点。

1. 虚拟性

网络社交以虚拟技术为基础，人与人之间的交往以间接交往为主，以符号化为其表现形式，现实社会中的诸多特征，如姓名、性别、年龄、工作单位和社会关系等都被"淡"去了，人的行为也具有了虚拟实在的特征。

网络社交能减弱物理距离的影响，使得任何地方的个体都能相互交流。网络社交似乎更容易开始，这就使得人们对于外貌、体型等外表特征，以及出身、受教育背景等不再那么关注了。这一点对于社恐（社交恐惧症）的人尤其重要，网络社交或许能让他们摆脱烦恼。网络社交的匿名性是其最重要的特征，网络上可以编造信息。也就是说，在互联网交流中，互动双方可以选择匿名聊天，他们可以随意给自己起一个好听的网名来代替自己真实的姓名，这样就大大降低了个体揭露自己内心的消极面的成本。在这种情况下，自我表露这一人际交往的重要变量可能就会增多，也可能不那么真实。网络社交的隐蔽性使得愿意互动的对象可以自己决定是否分享真我，分享后，能够提升对方对我们的同情和好感。另外，在匿名的环境中，互动双方更容易感受到去个性化。去个性化使得互动双方认为对方与自己属于同一个群体，有着一致的规范性，由于个体对自己所在群体的认可，进而对互动对象产生亲密感。网络交流中信息的不充分反而促使互动双方沉浸在人际交流中，有一种沉浸式社交的意味。

网络社交不同于传统的面对面交流，首先，个体有充足的时间去仔细思考和编辑自我想要呈现的信息，而且不必担心现实生活中不擅长的非言语表情和服装搭配，也就是能更好地呈现自己或者更优雅地表达自己。不同步性还会降低个体的社交焦虑，促进个体自由地表达真实的自己。有研究发现，我们越容易表达真我，就越容易与他人形成亲密关系。其次，由于网络社交中我们对对方的信息知之甚少，我们会试图从其他来源来补充信息，以减少对互动对象的不确定感，而补充的这些信息更多是理想化的，通常我们会认为网络的另一头是一位理想的、亲密的友人。最后，网络上的互动双方经过多个回合的选择性自我呈现和理想化感知，进而形成好的印象。网络社交比面对面社交更有利的地方就在于此，但正是因为网络社交的隐匿性，我们还是要擦亮眼睛，当心接收的信息是虚假的、片面的，进而影响我们整体的判断。

2. 多元性

网络信息的全球交流与共享，使时间和空间失去了限制。人们可以随时随地自由交往，使得不同思想观念、价值取向、风俗习惯和生活方式的融合变成可能。网络给每个人创造了空前宽松的环境，对于没有主体意识、没有独立道德选择的能力、没有道德选择权利感和责任感的人来说，网络空间所给予个体的"自由"与其说是道德生活的福音，毋宁说是道德生活的陷阱。很多人会在这样的陷阱中迷失自我，甚至表现出现实人格的"失范"问题。在网络上，可以暂时不去考虑我是谁、我有怎样的责任、我有什么样的义务，可能会贪图一时之乐，也有可能受到蛊惑，这都是信息多元带来的问题。所以要擦亮眼睛、保持清醒，分辨好坏对错，不人云亦云。

3. 异化性

网络社会中的交往主要是以计算机为中介的交往，它使人趋向孤立、冷漠和非社会化，容易导致人性本身的丧失和异化。网络社会开放的、自由的信息系统提供的是一种崭新的、动态的传播模式，这种人机系统的高度自动化、精确化缺少了人情味，容易导致人们对现实生活中的他人漠不关心，容易使人产生精神麻木和道德冷漠的问题，并失去现实感和有效的道德判断力，进而做出一些极端行为。当人们长时间沉浸在负面的或消极的新闻或游戏中时，容易形成无情和自私的性格，这些会直接影响个体对交友对象的选择。

现在的网络社交媒体会带给人更加方便、更加快捷的交流体验，这是科技进步给我们带来的好处，让我们实现了交友自由，为我们增加了人际交往、人际互动的可能。从人际交往的消极影响方面来看，最明显的表现就是线上线下的空间不同，虚拟的网络社交与现实社交基本上呈脱节状态。面对面的现实社交中，个体通过对方的非言语信息与环境信息，能尽快地确定对方是什么样的人，减少不确定感，增加熟悉度，进而会对对方产生好感；相反，网络社交过滤了这些重要线索，使个体不能对互动对象形成清晰的轮廓，增加了不确定感，进而降低了对方的吸引力。特别需要提醒的是，网络社交的匿名性、隐蔽性，也大大增加了社交的风险，因为我们不知道网络那端的人到底是谁，可能是美女也可能是壮汉；可能是青年人也可能是老年人；可能同城也可能异地；可能与我们有着一样的价值观，也可能大相径庭，说得直接点，就是我们可能真的不了解，也不太容易了解。网络社交有风险，交往需谨慎。

某女士在网络上聊天时遇到一位头像阳光帅气的小伙子，两人聊得很投缘，很快以男女朋友的形式交往。两人在网上接触一段时间后，小伙子推荐给该女士一个网站"××信托"，并称可以赚钱，该女士对"男朋友"的话深信不疑，就通过手机银行转账充值了500元，后又陆陆续续充值了1000元到2万元不等。起初，该平台是可以提现的，该女士分次共提现2000元，但随后平台就不能提现了，共计损失约2万元。该女士知道上当了，遂报警。网恋有风险，交友需谨慎。

二、与父母的关系

家，是爱与温暖的传递通道，也是恨与伤害的传递通道。但孝道让我们只看到前者，而否认后者的存在。——苏珊·福沃德、克雷格·巴克著《原生家庭：如何修补自己的性格缺陷》（北京时代华文书局2018年版）

（一）家庭教养方式

家庭教养方式是指父母在子女抚养教育过程中所表现出来的相对稳定的行为方式。父母是孩子的第一交往对象，父母的言行举止在孩子的成长过程中发挥着持续的示范与榜样作用。这是孩子习得社会规则的重要来源，也是日后他们进行人际交往的基础。父母如何对待他们自己、如何对待孩子，也成了孩子成人后如何对待他自己、如何对待别人的榜样。

有研究发现，被父母或其他照顾者，用惩罚、指责、否定、打骂的方式培养出来的孩子，长大以后也会对自己的孩子采取同样的方式，除非他们有所反思、有所醒悟。他们中少数人可能会通过良好的方式觉察到了自己的行为模式与早期生活经历的关系，并通过学习、成长、改变进行自我治愈，极力避免将自己曾经体验过的不良方式，强加到自己孩子身上。在温暖、和谐、亲密的家庭关系中成长发展的孩子，长大后家庭幸福、事业成功的概率更高，更容易发展出良好的和谐的家庭关系和其他人际关系，更有可能用和谐、信任的关系陪伴自己的孩子成长，更容易培养出幸福而成功的孩子。

还有研究发现，被父母接受的孩子一般都表现出很强的社会适应性，如情绪稳定、兴趣广泛、有同情心；而被父母拒绝的孩子大都冷漠、倔强、有叛逆心理；受父母支配的孩子比较被动、顺从、缺乏自信心、依赖性强；让父母服从自己的孩子则表现为独立性和攻击性强。所以最理想的教养方式是对孩子倾注适度的爱，对孩子的活动既给予保护，同时也给予必要的适应性训练；对孩子的要求既不盲目接受又不武断拒绝；既尊重青少年的独立性，又给予适度的控制。也就是说，这样培养出来的孩子，具有较高的社会适应性，人际关系也会较好。

心理学上，一般将父母的教养方式划分为：权威型、溺爱型、专断型和忽视型。

（1）权威型的教养方式是一种比较理性且民主的教养方式。权威型的父母认为自己在孩子心目中应该具有权威。这种权威来自父母对孩子的尊重和理解。他们总是能很迅速地回应孩子的需求，对孩子的行为做出反应，尊重并鼓励孩子表达自己的意见和看法。与孩子的相处很有边界，既给予孩子足  够的成长空间，又对孩子有一定的规范要求。这种教养方式下的儿童社会责任感强、自尊心强、效能感强、喜欢与他人交往、对他人友善、自我控制能力好，且具有一定的成就倾向。

（2）溺爱型家庭中的儿童缺乏父母给予的准则和强化，家长对孩子缺少控制，任由孩子自己安排自己的生活，纵容孩子满足自己的欲望，父母很少向孩子提出要求，很少发怒或训斥。这种教养方式下的儿童，往往具有较强的冲动性和攻击性、缺乏社会责任感、合作性差、很少为他人着想、自我控制力差，而且具有较低的成就倾向。

（3）专断型家庭中的父母对孩子有很多的要求，希望孩子绝对服从自己，希望子女按照他们的意愿生活，对孩子严加管控。这样的父母对待孩子常常是冷漠的、忽视的，很少考虑孩子的感受，孩子出现错误时，会比较严厉地惩罚。这种教养方式下的孩子，通常有较多的不满意、不信任和比较畏缩，常常出现焦虑、退缩等特征。这样的孩子具有适中的社会责任感和成就倾向，自我调节能力和适应能力均比较差。

（4）忽视型家庭中的父母，对孩子缺少关心，对孩子的行为缺少要求和控制，亲子间的互动比较少，经常流露出厌烦、不愿搭理孩子的态度，对孩子的要求基本上不予回应，一般都会忽视。这种教养方式下的孩子，具有较强的攻击性，而且很多的攻击性是向内对自己的攻击，缺乏对他人、对生活的热情，缺少生命意义感，因缺少父母的关爱，缺少与他人的联结。长大后会有种自生自灭的感觉。

从父母对待我们的方式中，我们可能就学会了怎样去对待别人，而且我们与别人交往的时候，也可能会体验到当年父母对待我们的感受，让我们重回记忆的深处，这样的唤醒一次次地发生。遇到溺爱、专断、忽视型的父母，我们可能会心生恨意，但我们需要不断成长，父母对我们的消极影响是可以通过不断的自我成长来摆脱的。

（二）与原生家庭的关系

我们与父母的关系，就是与世界的关系。父母对我们的影响是深远的，从始至终，无时无刻。无论他们是否健在，无论是不是与他们共同生活，与父母之间的关系决定了我们成长中与其他人的关系。父母是我们的重要抚养者、是我们的重要他人，如果我们不是由亲生父母抚养长大，那抚养我们长大的人，就等同于父母的角色，他们可能是我们的大姨小姨、姑姑婶婶、爷爷奶奶、姥姥姥爷或其他人。

那么，我们是如何受到自己父母以及原生家庭影响的呢？鲍恩提出家庭代际传递理论，对这一问题做出了诠释。

1. 自我分化

鲍恩认为，人类所有行为背后的驱动力源自两种相互对抗的生命力量——实现个体化（individuality）与维持整体感（togetherness）。前一种力量驱使我们成为完全独立的个体，拥有完全独立、不受他人影响的情绪与思维；后一种力量又将我们向相反的方向拉，驱使我们放弃自身的独立性，维持与家庭及他人的融合状态。在鲍恩看来，试图调和这两股力量以达到一个适当的平衡状态的努力成为人类的核心问题。成功平衡这两股力量的个体能与所爱的人保持亲密，同时作为个体又充分地分化自己，不至于因卷入家庭内部正发生的事情而失去自我。然而并非所有个体都能成功地控制人类天性中的这两股力量，能否成功取决于个体控制自身情绪化反应的程度，鲍恩称之为自我分化。

为了更好地阐释自我分化这一概念，鲍恩进一步从内心层面和人际关系层面来定义自我分化。在内心层面，自我分化代表了个体将理智与情绪区分开来的能力，自我分化程度低的个体几乎不能将理智从情绪里面分离出来，他们的理智被情绪所淹没，以至于他们几乎没有能力客观地进行思考。自我分化良好的个体则能够体验到强烈的情绪和一些自发性的冲动，但他们不会被这些情绪和冲动所控制，而是能够自我克制并且客观冷静地看待事物。自我分化在人际关系层面体现为个体在与他人的关系中体验到亲密的感觉，同时不失去作为一个个体的独立性。自我分化良好的个体在与人相处时能够保持清晰的自我感，能够坚持自我立场，面临人际压力时能够基于理智去坚持自己的信念，而不迎合他人的期望。自我分化不良的个体，其行为为自动化的情绪反应所驱使，缺乏理智的判断，他们极容易受外界的影响，且容易与他人的情绪相混淆。尤其当面临压力时，自我分化不良的人可能会采取两种极端的适应模式：一是回避他人，以避免因害怕失去自主性而产生焦虑；另一种是通过亲近、依赖他人，来减轻自己的压力。

分化的程度基本上是由一个人与抚养他成长的家庭之间的情感分离程度所决定的。这种分化水平一般在孩子到了青春期就已经建立得很完善了，通常可以持续一生。因此，一个人的成长过程就是一个不断自我分化的过程。当一个人走出自己的原生家庭去建立亲密关系以及自己的核心家庭时，也会自然而然地用自己的自我分化状态与他人互动。

萧铁与肖年恋爱时很开心，觉得特匹配，没多久两人就谈婚论嫁，顺理成章地步入婚姻。大家都以为王子与公主的幸福生活从此开始了，但没想到，随着时间的推移，两人的矛盾和冲突出现了。肖年很恋家，时不时要回娘家看看，有事也不与萧铁商量，而是与自己的爸妈商量。萧铁是聪明的人，妻子的很多观点一听就知道是她爸妈的主意，然后就非常不乐意。有事情找爸妈是可以理解的，但与自己的原生家庭联结得比跟自己的爱人还紧密，让萧铁受不了，萧铁很严肃地跟肖年提出这个问题。肖年也知道这样不太好，自己都结婚了，还像是未长大的孩子，但她就是习惯性地找父母，总觉得父母才是她最大的支柱。时间久了，萧铁就提出了离婚。肖年觉得这么点小事就闹分手，这人太不值得托付了，在爸妈的支持下，两人分开了。原本是幸福浪漫的开始，没承想以离婚分手告终。

2. 代际传递

家庭对于个体心理发展具有重要的影响，鲍恩最早提出了以家庭为单位的代际传递现象，提出了原生家庭对子女家庭的影响。他认为，个人过去在原生家庭中与父母的关系模式，将持续影响其未来的重要人际关系，且人们倾向于在亲密关系中复制早期在原生家庭中建立的关系模式，这种关系模式主要体现在子女的婚姻关系中。

代际传递也叫代际传播，是指上一代的心理特征或相关能力和行为传递给下一代的社会现象。从生物遗传视角看，人的外貌特征可以一代一代传递；从文化视角看，文化可以一代一代传递；从心理发展视角看，人的心理模式也可以一代一代传递。由此可见，代际传递的研究领域很多，其中，心理学家通过临床观察发现，儿童心理素质和社会性的素质，基本是后天通过体验、观察、互动、经历而习得的。大多数情况下，人际关系的质量和互动模式、亲密关系模式、婚姻模式、教育子女的方式等，都是潜移默化地从父母那里学到的，这就是家庭模式的代际传递现象。

（1）依恋的代际传递

所谓依恋的代际传递是指根据特殊照料者——常指父母——的有关依恋的心理状态可以预测婴儿与其特殊照料者之间依恋关系的安全性。也就是说，父母的依恋模式与婴儿的依恋模式具有一定的相关性，父代依恋模式对子代依恋模式有一定的预测性。

有研究发现，安全型依恋的父母，其子女也常常表现出对父母的安全依恋模式；不安全依恋的父母，其子女也常常表现出对父母的不安全依恋模式；如果父母双方都是不安全依恋者，其子女为不安全依恋者的可能性更大。由母亲的依恋类型可以预测女儿的依恋类型，无论是类别上还是程度上，都得到相同的结果。此外，父母依恋的回避程度是女儿依恋的最有力预测变量，母亲的回避程度越高，女儿的回避程度也越高。总之，依恋关系具有代际传递性，幼儿与母亲的依恋风格具有较高的一致性。安全型依恋的父母会对儿童做出敏感的反应，回避依恋的父母会回避儿童的依恋需要。回避型父母拒绝压力情境下儿童的依恋行为，会无意识地忽视这些情绪信号，因为这类行为的表达和消极情绪或许会刺激回避型父母对早期不幸的依恋经验的回忆。许多研究表明，依恋的代际传递性还表现在，儿童早期与其父母形成安全依恋，长大后为人父母也更倾向于与自己的孩子形成安全依恋。

（2）焦虑的代际传递

一般人们会认为，焦虑作为一种神经症，会通过遗传影响到下一代。

焦虑症一般会有家族聚集现象，也就是说，一家中有两人或两人以上患有焦虑症很常见。比如，一个家庭中，母亲患有焦虑症，孩子也患有焦虑症的现象就很多。但焦虑症的代际传递，主要不是先天遗传，而是后天养育环境的影响。不仅是焦虑症，其他焦虑性质的疾病亦是如此。

那么，焦虑症是怎样通过代际传递传给后代的呢？一个国际研究小组对瑞士的双胞胎及后代进行大样本量研究分析发现：环境因素比基因更易解释焦虑的遗传性。研究人员对瑞士双胞胎及后代研究中的385对同卵及486对异卵、同性别双胞胎家庭的焦虑及神经质数据进行评估（男性双胞胎家庭占37%）；使用结构方程模型对构成父母焦虑与子代焦虑间联系的遗传及环境因素进行量化分析。研究者称，对焦虑及神经质来说，显著的直接环境因素可使焦虑从父母传递给青少年后代，该模型为此提供证据支持。相反，遗传因素影响的证据并不明显。

研究还发现独立于遗传因素，父母焦虑与后代焦虑的关系很大程度上是由于父母对子女的直接影响，儿童及青少年可以通过多种途径从父母那里习得焦虑行为，如模仿和榜样学习等。其实这也不难理解，焦虑的父母，在抚养后代的过程中，一定是处处体现出焦虑特征的。比如，早晨去学校，焦虑的父母可能提前很久叫孩子起床、吃早餐、收拾书包，早早出门；而不焦虑的父母，可能时间控制得刚刚好。除了行动上的影响，语言信息的影响也很重要，比如，焦虑的父母可能经常催促孩子，"快点快点，再不出发就迟到啦！"而不焦虑的父母可能很少催促孩子，让孩子从容地面对即将到来的事情。

另外，有研究发现，父母过度控制等消极的教养行为在焦虑的代际传递中也起着重要作用。与低焦虑的父母相比，高焦虑的父母更少使用温暖、关怀、接受，而更多使用拒绝、控制的教养行为。父母拒绝会引发儿童青少年的内心冲突，使得儿童青少年在成长过程中缺乏支持、信赖，从而导致儿童青少年焦虑水平的升高。

（3）人格特征的代际传递

人格特征的代际传递是一个社会化的过程，人格特征受父母或其他榜样人格特征的影响，具体来说，包括三种传递因素。第一种发生在家庭内部，父母根据自己的某些特征来塑造子女的特征，被称为"垂直社会化"，在这一过程中，可能同时包括父母关心子女效应的利他主义，以及父母认为他们自己的人格特征对子女是最好的家长主义。第二种发生在家庭之外，子女受周围环境中普遍人格特征的影响，被称为"横向社会化"，主要通过偏好渠道和期望渠道发挥社会互动效应。第三种是正向选型婚配，指的是个体希望将自己的人格特征传递给自己的子女，在婚姻市场上搜寻与自己人格特征相似的伴侣，从而以最有效的方式将自己的人格特征传递给子女，这也被视为垂直社会化的一种策略。

（4）创伤的代际传递

林瑶、吴和鸣、施琪嘉在《创伤的代际传递》一文中提出，家庭系统模型认为创伤通过沟通，传递了家庭成员之间相互缠绕和羁绊的关系。这一模型认为，在封闭且狭小的交际空间内，父母和孩子之间的相互影响是必然会发生的。父母和孩子经常会产生替代性认同，父母通过孩子存活，孩子体验父母的创伤，边界模糊混乱，以致父母无意识控制住孩子。孩子既愤怒又内疚地照顾父母，甚至在某些极端情况下，父母和孩子的角色发生互换。而这些都发生在无意识层面，通过非言语的、模糊的、内疚导向的沟通方式达成共识。过度的沉默，导致很多创伤者后代难以用语言来表达与父母交往时的感受，而只是"难以名状的悲伤和恐惧"。同时，沉默也意味着否定和冷漠，将引导孩子形成怯懦和退缩的行为方式。另一种极端的沟通方式是，过度公开与创伤相关的细节，并且缺乏正确的引导。特别是年幼的孩子无法消化大量的负面信息，并且会通过想象夸大事情的恐怖性。另外，家庭氛围，如持续的家庭暴力会产生长期的消极影响；家庭角色的缺席，包括身体和心理两方面的缺席，会打破家庭平衡，继而产生各种问题；家庭角色不稳定，如父母突然变得回避冷漠或易激惹暴怒，会让孩子丧失对父母角色的一致性，变得不知所措或者归咎于自己；家庭结构不稳定，父母关系因创伤事件的影响而变得糟糕或破裂，都会对孩子的成长和发展造成不良影响。[1]

（5）人际优势的代际传递

代际传递不仅有负面的代际传递，也有正面的、积极的代际传递。人际优势的代际传递就是其中之一。

人际优势（Interpersonal Strengths）是一种相对普遍的、类似于个人特质的、具有道德价值的性格倾向，反映为个体在人际交往过程中通过思想、情感和行为表现出来的积极特征。这些积极特征涉及社会关系的不同层面，包括人与人之间一对一的关怀关系，也包括一对多或多对多的群体性关系，体现为个体善于敏锐、妥当地把握人际交流互动中自我和他人的情感、动机，从而给自己和他人带来正面的体验。有研究发现，具有人际优势的父母（尤其是父亲）可以通过特定的家庭过程来培养具有相应优势的孩子，并且这一过程不受孩子特征的影响。

拥有某种人际优势的家长，会在与孩子的日常相处中，有目的或无目的地表现出自身的人际优势，对子女产生潜移默化的影响；通过观察学习，子女在面对他人时会有意识地模仿父母的行为去面对，从而表现出与父母相似的人际优势。另外，人际优势水平较高的父母更有可能获得较好的人际关系、社会支持等积极结果，子女在观察的过程中获得间接强化，进一步增强人际优势的代际传递。

---

[1] 林瑶，吴和鸣，施琪嘉. 创伤的代际传递［J］. 心理科学进展，2013，21（9）：1667-1676.

小虎是社交达人，用现在流行的词来形容就是"社牛"。据小虎身边的人讲，小虎在与别人打交道时，从来没犯怵过，即便是不认识的人，几分钟后也能聊得火热。这能力让人心生羡慕。很多人好奇小虎这能力是怎么来的，小虎毫无保留地告诉大家，随他爸爸。"随"说明了两点：第一，可能是遗传因素，就是我们通常所说的先天的，个体的气质类型确实遗传占比很重；第二，就是代际传递的作用。小虎的爸爸也是社交达人，潜移默化地对小虎造成了不小的影响。也许，为了下一代，就要从自身打造人际优势。

在所有关系中，我们与养育者，通常是与父母的关系最为重要。如果与父母之间有隔阂或矛盾，在日后的交往中也容易出现与他人的隔阂或矛盾；如果与父母的关系良好，就会把相同的赞赏与感恩带入日后的关系里。因为生命中大部分的人际关系都是孩提时代与父母关系的复制与模仿。比方说，我们憎恨父亲权威、武断的本质，长大成人后，我们可能会渐渐吸引那些权威的、掌控欲强的，或是会将恐惧加诸我们身上的人；父亲酗酒，很可能我们找到的伴侣也酗酒；父亲家暴，虽然我们跟自己说过无数次不能找家暴的男人，但最后我们可能还是会将对方变成一个家暴的人……生活中，这样的例子很多很多。当然，这些也是可以改变的。如果我们父母很爱我们，我们也很容易复制与他们相处的模式，我们也会很爱自己的伴侣，而且往往我们的伴侣也很爱我们。

看上去，父母对我们的影响既深远又持久。即使我们已经和他们分开，即使我们已长大成人，他们仍活在我们的内在，或者说他们的一些观点、行为、对我们的要求早已内化到我们内心深处。有人可能会说："我已经长大成人了，父母跟我的关系早就没有影响了。也许我小时候曾经受过伤害，但那是很久以前的事了，伤痛早已不在。我了解父母亲所经历的，也了解他们不该为此负责。"能有这样的感知，是一种成熟的表现。其实，我们每个人的内在都有一个小孩，这个内在小孩渴望被关注、被认可、被理解。当个体体验不到被关注、被认可、被理解的时候，可能就会感到受伤、失望，这些体验并不是别人带来的，而是自己的一种感受。我们可以通过自我教育、自我成长，让内在小孩长大，减少对被认可、被关注的需求，我们可能就会更稳定。如果我们与父母的关系获得疗愈，譬如我们与母亲的关系已经疗愈了，母子关系变得很好，我们会发现自己很容易就可以与他人建立联结，也许是我们的伴侣或女儿，因为这些关系都活在我们的内在世界。

（三）摆脱影响，终身成长

这里所说的影响，一定是限制我们的、让我们痛苦的影响。所有人际关系都反映了我们与父母的关系，所有的关系都会真实反映我们与父母之间所发生的事。我们与朋友的关系、与同事的关系、与恋人的关系等都取决于我们与父母的关系，一旦与父母的关系改善了，一切都会改善。

当与父母的关系得到疗愈时，人就开始成长，跨越之前认为不可能跨越的障碍。比如，你的男友又发脾气了，你觉得男友像曾经对你管教很严厉的父亲。这样的场景将你带回了小时候，你还记得父亲发火时那个被吓得瑟瑟发抖的你吗？当时你是怎么反应的？自己躲到了一个黑暗的角落，双手紧抱头，不敢看眼前的情景？男友的发火，可能再次唤起了你的这些回忆。父亲的发火对我们来说，是一种创伤，如果我们没有处理过这些创伤，只是把它压抑下去，这些创伤在适当的场合会再次重现。但当我们慢慢长大，知道了这是以前的事件的影响，就可以走出这些创伤，重新看待他人发火的事件。你可以这样对自己说，看吧，男友就像个小丑，自己在表演，他发火是他的事情，与我无关，我看戏就好了。我们可以跳出跟当事人的关系，就好像用第三只眼睛看着这件事情或对方，你会发现，他们的成长也可能是不完整的，正是因为不完整，才导致了发生现在的状况，所以他发火、发脾气；也可能是他内在的小孩被激怒了，他的局限没有办法让他走出自己内在的小孩，从这个角度看，他是不是也有点可怜？他是不是也需要成长？当我们看到这些的时候，你还会跟眼前的他计较吗？当然，每个人都得对自己的行为负责。

有的家长，由于各种各样的原因，忽视了我们成长中的心理需求。心理上的忽视主要指情感忽视。情感忽视往往发生在父母的情绪低落、父母拒绝、对不同子女的偏爱、家庭暴力、歧视、分离、离婚等的时候。这种忽视的力量不可小觑，忽视让我们怀疑自己的价值、怀疑自己的存在，总是觉得自己不配被爱、被珍惜，甚至让我们觉得生命没有意义。

但你要知道，这并不是你的错。因为父母的局限，给我们的生命带来一些创伤，抱怨父母是没有用的，因为他们也是受过创伤的人。你必须努力改变自己，让自己不断成长。你会发现，当你发生了改变，就会改变对他人的看法，世界也变得美好了。对于你与父母的关系，你唯一要做的就是重新审视你自己，而当你重新审视自己时，就会开始体验你父母的角色，你会接纳他们，爱他们真实的样子，而不是希望他们成为你期待的模样，一切都会改善。

不管怎样，父母还是我们最有力的联结。有人把父母比喻成我们和死神之间的一堵墙，父母在，你看不见死神；父母不在，你将直面死亡。《百年孤独》（加西亚·马尔克斯著，范晔译，南海出版公司2017年版）里是这样说的："父母是隔在我们和死亡之间的帘子。你和死亡好像隔着什么，没有什么感受，你的父母挡在你们中间，等到你的父母过世了，你才会直面这些东西，不然你看到的死亡是很抽象的，你不知道。亲戚、朋友、邻居等，他们的去世对你的压力不是那么直接，父母是隔在你和死亡之间的一道帘子，帮你挡了一下……"

第五章

与恋人的关系

第五章 与恋人的关系

亲密关系虽然不是人人都渴望的，但绝大多数人会经历亲密关系。有人说，谈恋爱不是两个人的事，是六个人的事（含双方的父母），甚至更多人的事。听上去有点匪夷所思，但细想想，还真是那么回事。我们都带着自己原生家庭给我们的影响与他人交往，我们的行为、观念、安全感可能都受到养育者的影响，只有自己不断觉察、不断成长，才能摆脱不良影响，享受幸福的亲密关系。

一、什么是爱

（一）爱情三角理论

在许多有关爱情要素的研究中，最著名的理论成果出自美国耶鲁大学的心理学家罗伯特·斯腾伯格。1986年，斯腾伯格教授提出了著名的"爱情三角理论"，他认为，爱情由三个元素组成，即激情、亲密和承诺。

他对每一个元素都作了清楚的解释，并用三角形来表示爱情的结构，见图5。这三个元素可以看作三角形的三个顶点，三角形只是一种比喻，而不是一个绝对意义上的几何模型。这一三角理论是迄今为止最为卓越的爱情理论之一，它可以很好地描述和解释复杂多变的爱情形态。

爱情的第一个成分是亲密（intimacy），包括热情、理解、交流、支持和分享等特点。第二个成分是激情（passion），以身体的欲望激起为特征。激情的形式常常是对性的渴望，从伴侣处得到满足的任何强烈的情感需要都属于这一类别。爱情的最后一个成分是承诺（commitment），包括将自己投身于一份感情的决定及维持感情的努力。承诺主要是认知性的，亲密是情感性的，而激情是动机性的。爱情关系的"热度"来自激情，温暖来自亲密；相比之下，承诺所反映的则是完全与感情或性情无关的决定。

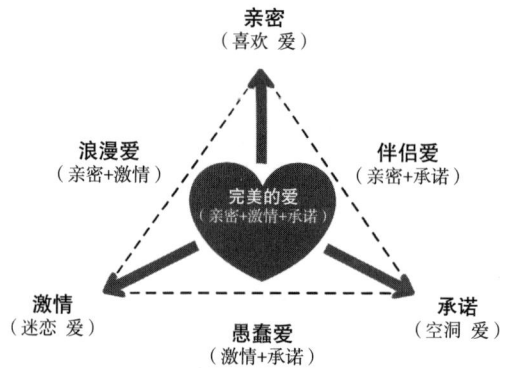

图5 罗伯特·斯腾伯格的爱情三角形理论

每个成分的程度会由浅到深，所以三角形可能有着各种不同的大小和形状。实际上可能会产生数不清的形状。为了将情形变得简单，我们将几个相对纯粹的、当三个成分强弱不同时而产生的爱情类型展现出来，但这样清晰定义下的纯粹体验在现实生活中也许并不多见。

1. 亲密

亲密是指在爱情关系中亲近、结合等体验的感觉。简单来说，就是两人之间感觉亲近、温暖的一种体验。亲密包含十个要素，即与爱人共享喜悦、为爱人提供情感支持、

肯定爱人的价值、对爱人高度关注、渴望促进爱人的幸福、在需要得到帮助时能指望爱人、与爱人互相理解、与爱人分享自我与所有、从爱人那里得到情感的支持、与爱人亲密交流。这十个要素，构成了亲密的成分。

2. 激情

激情是一种非常想跟别人结合的状态，是引发浪漫之爱、身体吸引、性以及其他相关现象的驱动力，以生理冲动和性欲望为特征。简单说，就是见到对方，会有怦然心动的感觉，与对方相处有一种兴奋的体验。在

恋爱关系中，性的需要，是引起激情的主导形式，其他需要如自尊、援助、关怀、亲和、支配、顺从和自我实现等也有助于激情体验的获得。

3. 承诺

承诺由两方面组成：短期的和长期的。短期方面，承诺指的是一个人做出爱不爱另一个人的决定；长期方面，承诺指的是一个人维护爱情的决心。这两个方面的承诺不一定同时存在。比如，一个人决定爱另一个人，但是不一定愿意承担责任，或者给出承诺；又或者一个人决定一辈子只爱他，但不一定会说出口。有人这样形容承诺，是忍受对方的决心，可见人与人相处的不易；又有人承诺说，我爱你，爱到不能爱的那一天为止。当下海枯石烂的承诺并不是谎言，当下确实是爱的、非常爱，但是爱到永久"我"没把握。

爱情的三个元素既相互独立，又互相影响。尽管这三个元素都是恋爱

关系中的重要成分，但是在不同的关系或一段关系的不同时间内，它们的重要程度是不一样的。

（二）爱情的类型

爱情的三个元素通过组合可以构成八种不同类型的组合。每一种组合对应一种类型的爱情。

（1）喜欢式爱情，两个人之间只有亲密。两个人在一起感觉很舒服，但是缺少激情，也不一定愿意厮守终生，即没有激情和承诺，如友谊。显然友谊并不是爱情，喜欢并不等于爱情。不过友谊还是有可能发展成为爱情的。当亲密程度高，但激情和承诺非常低的时候，会产生喜爱。喜爱发生在有着真正的亲近和温暖的友情中，但不会激发激情。如果一个朋友确实激起了激情、他离开的时候会被强烈思念，关系就已经超越了喜爱，变成了其他的形式。

（2）迷恋式爱情，两个人之间只有激情体验，缺少亲密和承诺。双方认为彼此有强烈的吸引力，除此之外，对彼此了解不多，也没有想过将来。迷恋中有着强烈的激情，但缺乏亲密和承诺，当人们被不太熟悉的人激起欲望时会有这种体验。斯腾伯格（1987）承认他曾经痛苦地一心一意地想着上学时生物课堂上的一个女生，他为她而消瘦，但从来没有勇气去认识她。他承认这仅仅是激情，是在迷恋着她，这种迷恋没有亲密和承诺。

（3）空洞式爱情，两个人之间只有承诺，缺乏亲密和激情，例如，纯粹为了结婚的爱情。没有亲密或激情的承诺就是空爱，这种爱见于激情燃尽的关系中，既没有温暖也没有激情，仅仅有着两个人留在婚姻中的决定。然而，在其他包办婚姻的文化中，空洞的爱是配偶们共同生活的第一个阶段，而不是最后一个阶段。

（4）浪漫式爱情，两个人之间有亲密关系和激情体验，没有承诺。这种爱情崇尚过程，不在乎结果。当程度高的亲密和激情一起发生的时候，人们体验到的就是浪漫的爱。对浪漫的爱的一种看法是，它是喜爱和迷恋的结合。人们常常会对自己的浪漫关系做出承诺，但斯腾伯格认为承诺并不是浪漫的爱的典型特征。比如，夏天的一场韵事可以非常浪漫，即使双方知道等夏季结束的时候这场爱也会消失；海边的邂逅很美，但离开海边关系也就结束了。

（5）伴侣式爱情，两个人之间有亲密和承诺，缺乏激情。这样的爱情往往能够很长久，亲密和承诺结合形成对亲密伴侣的爱，可以称为友伴的爱。亲近、交流和分享伴随着对关系的充足的投资，双方努力维持具有深度且亲密的友谊。这种类型的爱会集中体现在长久而幸福的婚姻中，虽然年轻时的激情已渐渐消失。我们常被一种画面感动：两个颤颤巍巍的老者相互搀扶着看夕阳。

（6）愚蠢式爱情，缺失亲密的激情和承诺会产生一种愚蠢的体验，也叫虚幻的爱。这种爱会发生在旋风般的求爱中，在势不可挡的激情中两个人快速结婚，但对彼此并不是很了解或喜爱。在某种意义上，这样的爱人为一场迷恋投资很大，有很大风险。

（7）完美爱情，同时具备三个元素——激情、承诺和亲密，这是让人期待的爱情。当亲密、激情和承诺都以相当的程度同时存在时，人们体验的是"完全的"，或称作圆满的爱。这是许多人寻求的爱情模式，但斯腾伯格（1987）认为，这种类型的爱，在短时期内是容易的，但很难长久坚持。另一个使爱情难以捉摸的复杂性在于，这三个成分会随着时间的推移而发生变化，所以在一个既定的关系中人们会经历各种不同类型的爱情。

在三者中，激情被认为是最容易产生变化的，也是最不好控制的。所以我们会发现自己对别人的欲望急剧上升，然后又迅速消失，我们很难有意识地去掌控这些变化。

（8）无爱，指爱情的三个因素都不具备。如果亲密、激情和承诺都缺乏，爱就不存在。两个人也许仅仅是熟人而不是朋友，彼此的关系是松散的、肤浅的，并非深刻的。

爱是一种丰富的、多方面的体验和感受，当我们将三个组成部分都结合起来形成更为复杂的状态时，这一点会变得清晰。这个理论正确吗？这些判断准确吗？如果爱情三角理论对浪漫爱情的归纳是正确的，它的主要成分之一是高程度的激情，理论上激情不会持久，但我们与能够共同分享亲密的人会更容易感觉到持久的激情。

这些类型只是给我们提供了一个理解爱情的思路，你是哪一种？你期待哪一种？这些都是需要在实践中去深入了解和探索的，适合自己的就是好的。

有句歌词唱得好，相爱简单相处太难。你有过类似的经历吗？当某个人出现在面前的时候，你觉得似曾相识，很容易就跟对方产生感情，甚至短时间内就陷入情网。你还问自己，相信一见钟情吗？虽然回答不相信，但情感却告诉自己，与看对了眼的人恋爱其实挺容易的。但是相处下来，你会发现，对方与自己想象的不一样。本来认为他会像父亲一样关心自己，但他没有；会像父亲一样保护自己，他也没有。而对方，也觉得你会像母亲一样照顾他，但你也没做到；会像母亲一样给他理解和支持，你却像个孩子……失望不断积累，最终忍受不了的一方，提出了分手。这不是你们想要的结果，但关系确实很难维系。哭过、痛过之后，还是决定分开吧，毕竟不是自己理想中的人。可能谁都渴望卡罗尔所说的爱情（电影《卡罗尔》，韦恩斯坦国际影业发行，2015 年 11 月 20 日在美国上映）：总认为我应该像风，应该去远方，过最特别的生活。直到遇到一个人，才发现我也想过最平凡的生活，想长命百岁。

（三）爱的生成时间

一见倾心，就是不认识的两个人在很短的接触时间里，互生好感，相互喜欢。现实生活中也会出现这样的特别场景：两个人萍水相逢，在一个喧闹的公众场所突然彼此目光交汇，然后心灵中迸发出爱情的火花。一见钟情是一种奇异的感受和激情，会让人感受到前所未有的狂喜和至高无上的欢悦，仿佛整个世界突然变得美妙无比。虽然一见钟情不一定会带来幸福，但确确实实在生活中会出现，而且很多人一直在追求着这样的爱情方式。通常，男女初次相见便陷入一见倾心的状态，一般都伴有一定的亲近、愉悦、爱慕等情感的或生理的体验与感受。

前文提到，一见钟情在斯腾伯格的"爱情三角理论"中被称为"愚蠢式爱情"，这种爱情中的双方刚一接触即产生强烈的、压倒一切的激情，但彼此并不了解对方。不同的心理学派别对一见钟情的解释是不同的：古典精神分析学派认为与儿童的恋父恋母情结有关；分析心理学创始人荣格认为是阿妮玛和阿尼姆斯在爱情中对浪漫伙伴的投射；认知图式理论认为是因为对方符合自己脑中的"爱之图"；社会认知理论认为是第一印象和晕轮效应结合的结果。这些解释有相通之处，"一见钟情"的发生，可能是多种原因的综合结果。

日久生情，简单地说，就是相处久了，便产生感情。两个人在一起，刚开始可能会有一段磨合期，但是如果一旦度过了这个磨合期，就会慢慢进入一种彼此习惯的状态，从而产生对彼此的一种依赖感。就像一个人习惯了每天有人照顾起居、做饭洗衣一样，在得到的时候可能并不觉得非常珍贵，但是一旦失去了，就会非常难过，谁也说不清楚究竟是为什么，这可能就是所谓的依赖感吧。而日久生情并没有让很多人生出爱，只是一种习惯和发自心底的依赖，但是这样的感情更加长久。

另外，一个人如果经常看到另一个人的话，那两个人就会变得越来越亲切，这也就是所谓的多看效应。因为人是群居动物，会有自己熟悉的圈子和人，我们与父母的关系不只是因为血浓于水，也是因为经常在一起而产生紧密的联系。在爱情中也是一样的，你会忍不住地去惦记对方，可能你自己也意识不到，当你看不到他的时候，你会下意识地去问候，虽然只是一句简单的"你去哪儿了"，但是却流露出你的关心。

李渔在《比目鱼·发端》中写有，"刘旦生来饶艳质，谭生一见钟情极"。生活中一见钟情的例子并不少。钱钟书先生遇见杨绛女士就是很好的例子。那一年三月，在清华大学的古月堂门口。当时钱钟书戴一副老式眼镜，目光炯炯有神，谈吐机智幽默，满身浸润着儒雅气质。而杨绛则长得娇小玲珑又活泼可爱。两个人一见如故。共同的文学爱好，默契的心灵交融，性格上的互相吸引，使得他们一见钟情。又如，沈从文先生遇到张兆和女士。1928年，沈从文来到中国公学任教，不过26岁。他见到了张兆和，便一见钟情了。有一天，张兆和忽然接到一封薄薄的信，拆开来看，才知道是自己的老师沈从文写来的，信中只写了一句话："我不知道为什么忽然爱上你？"再如，朱自清先生遇见陈竹隐女士。在陈竹隐写的《忆朱自清》一文中，陈竹隐写了她与朱自清第一次见面时的情景："他的身材不高，白白的脸上戴着一副眼镜，显得文雅正气，但脚上却穿着一双老式的双梁子布鞋，又显得有一些土气。我很敬佩他，以后他给我来信，我也回信，于是我们便开始交往了。"文学作品中也不乏一见钟情的例子，如贾宝玉遇见林黛玉。林黛玉第一次来到贾府时，听闻宝玉是一个顽童，心想着不见也罢。可不曾想到,初见宝玉,心中便奇怪:"好生奇怪,倒像在那里见过一般,何等眼熟到如此!"宝玉也笑道:"这个妹妹我曾见过的。"

二、传统爱情的特征

(一) 爱情的排他性和专一性

排他性和专一性是爱情的最大特点。在友情、亲情中,排他性几乎是不存在的。爱情的排他性和专一性使人全身心投入、集中精力爱其所爱,不允许他人介入,彼此成为对方的唯一。排他性和专一性是衡量爱情的重要标尺。两人一旦相爱,就会要求对方忠贞,并且排斥任何第三者亲近双方中的一方。教育家陶行知老先生曾经很形象地比喻道:爱情之酒甜而苦,两人喝是甘露,三人喝是酸醋,随便喝要中毒。这话是很有道理的。

排他性和专一性是怎么形成的呢?当然是有人类动物本能的影响,但更重要的还是社会因素。在人类的愚昧阶段,群婚制和对偶婚制主宰着人类繁衍的进程,人类的性意向并不具有固定的异性对象,因而爱情的排他性并不存在,至少并不强烈。随着一夫一妻制婚姻的确立,爱情的导向获得了确定的对象,排他性就日益发展起来。排他性的产生,是人类文明进步的产物,它使人类的婚姻摆脱了道德上的混乱,而开始具有专一的倾向。当然,对排他性的狭隘理解,也会使爱情异化成为占有的代名词,因而爱情的排他特点具有明显的两重性。爱情和友谊是不同的,友谊具有广泛性。有些个体限制恋爱对象与朋友往来，把恋人当作私有财产，无端猜忌和怀疑，这不是排他，是私有化，是要摒弃的。

婚姻或恋爱中出现第三者是令人难以忍受的，那么第三者的出现跟婚姻或恋爱质量有什么关联吗？相互依赖理论的一个重要观点是，满意度不是唯一，甚至不是主要决定我们关系持久与否的因素。无论我们是否愿意，为了衡量我们在其他关系中是否会更好，我们还需要第二个判断标准，即替代选择的比较水平（comparison level for alternatives，CL_{alt}）。替代选择的比较水平是指，如果脱离目前的关系，转向可以得到的、最好的、作为替代的伴侣关系或环境而得到的结果。替代选择的比较水平是我们可以忍受当前伴侣的最低水平。其原因在于，如果其他的关系能给我们带来更好的收益，即使我们对现状满意，也会离开现在的伴侣，转而寻求更大的收益（也就是说，我们总是在追求可能得到的最好结果）。相反，即使我们对现在的关系不满意，在没有更好的替代选择（人）出现之前，人们也不会脱离现有的关系。这就说明，替代选择是导致我们离开关系的关键因素。这一点特别重要，它可以帮助我们理解，为何有人身陷困境、绝境，却不选择离开；尽管现状让他们不幸，而一旦离开，他们的处境可能变得更糟。比如，丈夫出轨，如果自己选择离开，没有收入，不能抚养孩子，所以当前还不能离开。假如知道有更好的境况在某个地方等待自己，他们肯定会选择离开（Choice and Lamke，1999；Heaton and Albrecht，1991）。对关系的满意与否，并不是我们选择留下还是离开的决定因素，这一点是相互依赖理论特别有趣的重大发现之一。

所以，替代选择的比较水平决定我们对关系的依赖度。不管满意与否，一旦相信已尽己所能，我们就会依赖于现有的伙伴，不会轻言离开。进一步讲，如果没有替代选择或者替代选择的水平不行，那么我们对伴侣的依赖程度就更深。如果现状只是比在别处等待我们的结果好一点，一旦替代选择的情况有所提高，我们就不再需要当前的伙伴而选择离开。

人们真的会离开幸福的关系吗？当替代选择的比较水平确实要比现状好时，他们会的。如果结束当前的关系，转投一个替代选择的整个过程能带来更好的结果，人就会改变。这只是从经济学角度来考虑问题所得出的结论。

当然，衡量标准这个问题很复杂，要考虑很多因素。一方面，外部新的吸引会诱使我们离开现在的伴侣。我们需要权衡更换伴侣的意愿和可能性如何，也可以把独居作为一个选择加以考虑。如果其他伴侣或独居更有诱惑力，那么替代选择的比较水平就会升高。然而，离开现有的关系也会带来不同的成本，这会大大影响移情别恋的收益（Levinger，1997）。例如，社会心理学家卡里尔·鲁斯布特已经证明，人们对现有关系的投资（investment），即关系如果结束所失去的东西（财富、荣誉、地位等），也会在人们决定去留时产生重大的影响（Rusbult, Drigotas, and Verette, 1994）。一个人要舍弃的投资，既有有形资产，如要与前任划分的家具、餐具；也有心理性收益，如从对方家庭和朋友处得到的关爱。比如，不幸福的一方可能不愿意提起离婚，不是因为他没有其他选择，而是不愿意接受潜在的成本，如痛苦的孩子们、怨恨的前任、失望的父母、不解的朋友。所有的这些将会减少离开的整体意愿，从而降低替代选择的比较水平。替代选择的比较水平不是恒定的，是随着个体对整体收益的考量而变化的。

另一方面，替代选择的比较水平是人们自己所认为的，一系列的因素会影响人们对替代选择的认知。如果人们不喜欢自己，他们也不会认为别人会喜欢自己（Kiesler and Baral，1970），他们会低估自己与其他伴侣的前景。习得性无助也会起作用（Strube，1988）。如果人们过久地陷于糟糕的关系中，他们会失去希望，进而悲观地低估他们在别的关系中的状况。信息的获取也会影响一个人的替代选择的比较水平。如果你全职照看孩子，与每天上班相比，在获得潜在的替代选择信息方面将受到更大的限制（Rusbult and Martz，1995），这导致你的替代选择的比较水平会比走出门眼界开阔时要低。

实际上，只有在你有所意识的时候，所想要的替代选择才会促进你的替代选择的比较水平。如果你对目前的伴侣感到满意，你可能不会注意到可能是你现有关系的竞争对手的其他人。事实上，对现有关系满意的人很少有兴趣环顾四周来看看他们在别的关系中会做得怎样；结果他们认为自己的替代选择的比较水平比更关注替代选择的人低（Miller，1997）。不断关注自己的选择、仔细地观察替代选择的大学生相比于较不关注的其他同学更经常更换自己的伴侣（Miller，1997）。❶

这些观点就告诉我们，想要减少第三者的出现，第一，自己不要去寻找替代选择（从源头做起）；第二，保持自己对自己的关爱（保持较高水平）；第三，如果对方出现替代选择，你要认为这事跟自己没有关系（宽慰自己——不是因为你差，而是我们控制不了别人更好）。

（二）爱情的持久性和阶段性

爱情具有持久性。爱情是男女双方的真诚相爱，并渴望对方成为自己的终身伴侣的感情；是一种极为强烈持久的情感关系。爱情的持久性表现在爱情的不断深化、充实和提高上，恰如莎士比亚所说：真正的爱，非环境所能改变；真正的爱，非时间所能磨灭；真正的爱，给我们带来欢乐和生命。

相爱的双方，共同经受人生道路的种种历练与考验，相知相守，白头

---

❶ 克里斯多福·孟. 亲密关系 [M]. 张德芬，余惠玲，译. 长沙：湖南文艺出版社，2019.

偕老，永葆魅力芳香，这是真正爱情的持久性特征。影响爱情持久性的因素主要有以下三个：首先，男女双方互相信赖。爱情产生于忠诚坦白、互相信任，要贯穿始终。身处顺境时互相尊重、互相帮助，身处逆境时互相关心、互相支持，这是人格的体现，也是双方感情发展的牢固基石，体现了真正爱情的信任感。其次，保持爱情的纯洁性。爱情，不可容忍一切低级庸俗的东西。它反映在爱情权利与义务的统一上，存在于婚前的恋爱和婚后的夫妻生活与家庭责任中。有爱情，就有义务，有责任。当然，爱情是感情的交换，不是非感情的交易。最后，不同阶段，爱情会有不同表现。恋爱阶段甜甜蜜蜜，结婚以后逐渐转入亲情阶段。如果认真经营，爱情不会随着年岁的增长而减弱，但在人生的不同年龄阶段，爱情的表现会有所不同，阶段性特征明显。

（三）爱情的自主性和互爱性

爱情是一种复杂、崇高的感情活动，是彼此互相倾慕、情投意合的表现。真正的爱情是不能勉强的，只能以当事人双方的互相爱慕为前提，当事人既是爱者又是被爱者，要两情相悦。爱情应该是双方互相爱慕、自主自愿的。尊重双方自愿选择的权利，双方都有爱和被爱的权利，都有对爱选择的权利，一方强制、勉强凑合都不是爱情。单恋虽然也是一种强烈的情感，但它却不是真正意义上的爱情，这样的爱慕之情，如果不表达，仅自己知道，对方不知道，时间久了就会造成遗憾，甚至造成创伤。好的爱情是相互的，不是单恋。马克思说的好，如果你在恋爱，但没有引起对方的反应，没有使你成为被爱的人，那么你的爱就是无力的，就是不幸。这种缺少被爱的"爱"，不能算爱情。

（四）爱情的平等性

爱情应该是男女双方发自内心、自主自愿的，是在一定的客观现实基础上的自主选择。这种平等是一对男女间基于一定的客观现实和共同生活理想的对等，是指二者人格、地位的完全平等。爱情中，需要尊重对方人格，因为人生而平等，没有高低贵贱之分。在爱的关系中，强势的一方，会看不起弱势的一方，而弱势的一方，也感受不到强势一方的关爱。长期生活在不平等的关系中，弱势的一方会感觉没有尊严、不被重视，那么这样的感情是很难长久的。

（五）爱情的道德性

爱情虽然是男女之间相互爱慕的私情，但具有丰富的社会内容。爱情的内涵、本质以及追求爱情的方式，必然要受到各种社会关系及社会因素的影响。爱情的道德性是指爱情中蕴含着对对方的强烈的义务感和责任心。如果爱情中的一方没有遵守道德的约束，没有尽到自己的义务和责任，一般会受到来自他人的谴责。虽然现在社会越来越宽容，但道德的约束还是存在的，并没有减少。

三、现代爱情的特点

（一）个性鲜明，表达直接

现代人个性突出，不受传统观念的约束，而且随着社会的发展和时代的进步，越来越多的人在对他人产生好感后，选择了直抒胸臆的方式表达爱意，这与上一代人面对爱情相对含蓄的处理方式有较大的差异。

（二）目的简单化

相当一部分个体在爱情到来时，并不会把爱情与婚姻联系在一起，而是更倾向于简单的情感寄托。如今社会竞争激烈，人们面临很多的压力，在重压之下，许多人选择通过恋爱来宣泄压力，认为恋爱伴侣可以给予自己很好的陪伴和鼓励。快餐式恋爱是简单的、快速的，从思想上没有了以前固有的"审时度势"，恋爱观简单了起来。人们已经不喜欢欲言又止、欲进又退的恋爱花招，他们想爱就爱、想恨就恨，嘴上不明说，行为却很直接。遇到心仪的人，他们就会很快表示自己的爱意，追求的手段也由以前的"飞鸽传书"发展到现在的电话、短信、网络。被表白者也可能变得直接、奔放，毫无保留地接受对方的爱意。

（三）冲动性

恋爱有明显的冲动性。一方面，其冲动性表现在感情升温快，恋爱就像撞击心岸的海涛，一旦出现便会久久不能平静，一浪高过一浪。从初恋到热恋，过渡期很短，很难找到一个明显的分界线，甚至在较短的时间就达到形影不离。另一方面，冲动性还表现为情感的强度大，且具有不易控制的特点。在恋爱的动机上，许多人恋爱往往是为了找一个避风港，因感觉现在的生活枯燥乏味，或孤独寂寞，于是便把爱情当作生活的调料，以满足情感的需要。恋爱的轻率性，使得有些恋爱基础十分脆弱，出现了高失败率。

四、爱情中的非美好现象

爱情是美好的,但关系中存在的一些负面情况对人们的影响亦很重要。这些导致关系更加糟糕的负面影响具有相当大的破坏力。

(一) 嫉妒

嫉妒是一种消极的情感体验,是一种不愉快的体验,源自自己所珍视的物品或关系被现实中的或想象中的竞争对手获得。它包含多种情感体验,一是情绪低落、悲伤、失意,二是伴侣被他人追求时产生的自豪感,但表达嫉妒的三种典型感情是伤害、愤怒和恐惧。如果个体认为伴侣未能履行其对关系的承诺,会感受到伤害;当个体想象被抛弃或脱离关系后的可怕情景,就会产生恐惧和焦虑感。但嫉妒并不是仅仅因为失去一个好的伴侣而产生;无论什么原因,当人们失去某种关系的时候都会痛苦。嫉妒不是指向让人愤怒的其他的人,而是指向离开自己的伴侣。有时候愤怒会演变成暴力。

如果你不能让爱人产生嫉妒之情的话,你会有什么样的感受?如果你的行为没有让爱人产生嫉妒感,你会沮丧吗?嫉妒有意义吗?这取决于我们所谈论的嫉妒类型。为何你的伴侣会嫉妒?以及嫉妒之后伴侣会做出什么样的反应?我们将分别探讨这些因素。嫉妒有两种类型。第一,当人们察觉到其所珍视的关系受到威胁时,会产生反应性的嫉妒。也许发生在现在,也许发生在过去,也许预期发生在不久的将来(比如,伴侣说与别人约会的意愿时),但反应性嫉妒总是在应对现实危险的时候发生。伴侣的多种行为都会引起担心。如果自己的伴侣与别人约会,人们大都会嫉妒,即使只是幻想,或与别人调情,也会被认为是不忠诚。第二,当伴侣没有做错,个体的猜疑不符合事实的时候,就产生怀疑性的嫉妒。怀疑性嫉妒会导致个体产生忧虑和不信任的警觉与窥探,从而去寻求对自己的怀疑有利的证据,比如查对方手机、跟踪对方行踪等。

我们应积极有效地应对嫉妒。第一步,我们必须放弃嫉妒是"真爱"的想法。事实上,嫉妒是依赖的表现,是我们自己的欲望、利益的体现。嫉妒的产生并没有考虑对方的幸福和健康,所以它的本质是"自私"的。控制嫉妒的第一步是认清它到底是什么。不去顾虑不公正的情境,使自己努力保持"冷静",避免产生愤怒或尴尬的情绪体验。

第二步,努力降低关系的排他性和个体自我价值感之间的关联性。发现自己的爱人被竞争对手吸引是令人痛苦的。这样的感觉是源于我们自身害怕被抛弃、被贬低。这并不能说明对方是一个可怕的、毫无情感的人,也不是说我们是糟糕的、低价值的。当我们采取行动的时候,我们的反应常常是不理智的,好像我们的自信、自尊完全依赖于这一特定关系。

第三步,自我鼓励。通过为自己做点好事,或者想一想自己的优秀品质以鼓励自己自尊自信。对自己的行为、生存能力保持自信感,有助于我们将嫉妒保持在可控的水平上。

另外,如果人们依靠自己的力量无法做到这点,可以参加一些正规的治疗。通常,这些治疗包括:(1)减少不理智的夸大关系的想法、减少夸大失去这份关系可能会带来的危害的想法,这非常重要,很多危害是我们自己想象出来的;(2)增强嫉妒一方的自信心;(3)提高沟通技巧,这样伴侣之间能够表达自己的期望,双方会对自身和伴侣的局限性达成共识,从而防止对伴侣产生嫉妒性的误解;(4)增加对关系的满意度和公平性。

小美是小帅的女朋友。小帅从大二开始就喜欢小美,现在大四了,他们恋爱三年了。一个周末,小帅、小美去逛街,回到宿舍挺晚了,小帅把小美送到宿舍楼下,看着小美进宿舍楼,小帅就回自己的宿舍了。但小帅有些隐隐的担忧,到了宿舍,小帅拿起宿舍电话,打给小美,小美的舍友说,小美没在宿舍。小帅瞬间气得火冒三丈,急忙跑到小美宿舍楼下,看见小美正在跟一个师兄聊天。小帅上去就跟那个师兄理论了一番。

事后小帅说,自己太不理智了,因为自己大四,马上毕业了,小美大三,还要在学校再待一年,面对空间上的分离,自己没把握,特别害怕自己被小美抛弃,害怕被分手。看见小美跟其他男生在一起,就嫉妒得不行。自己也知道要控制自己,但有时候就会很失控,自己想想都有点后怕。

(二)欺骗

欺骗指的是欺骗者故意给受骗者造成一种假象的行为。有些欺骗涉及隐瞒信息或试图将对方的注意力从真相中转移。有时候,人们会讲一半真话一半假话,而直接说谎是欺骗行为最明显的例证。

日常生活中有很多的谎言,有研究发现,大学生们会对他们所交往的每3个人当中的1个人说谎,也就是说我们会对我们交往的大约1/3的人说谎。多数谎言是自私的,一般都是利己的,但人们也会说对他人有利的谎言,后者在亲密关系中尤为普遍。比如,当至亲得重病时,我们可能选择不告诉对方真相,这是为了保护至亲的心理状态。

然而,当人们对重要的事情说谎时,说谎的对象更可能是伴侣而不是其他人。谎言会导致欺骗者失信，说谎的人往往也难以信任别人。另外，如果谎言被揭穿，受骗者比说谎者会受到更大的伤害，甚至会觉得自己的整个世界坍塌了，因为信任是一切的基础。

外向的人和关注自己给别人留下什么样的印象的人比其他人更可能说谎。说谎者的表现取决于说谎者的动机和目的，想让谎言鱼目混珠的人，会比那些认为谎言根本没有那么重要的人更容易被人识破。通常说一句谎言，要用十句谎言来圆，但说出十句或更多的谎言往往是很困难的。

说谎者说话时往往会流露出更多的非语言信息，比如，会用高音讲话，常常眨眼睛。然而，他们常常显得很真诚，没有任何一个简单的线索能够表明一个人在说谎。相反，个体的肢体语言、语调和面部表情等之间的匹配程度，通常能够表明一个人是否在说谎。比如，一个人说话时，脚尖朝着门的方向，则表明这个人可能在说谎。

我们可以在多大程度上察觉伴侣的欺骗行为？人们的说谎行为存在很大的个体差异。人们可以学会怎样察觉伴侣的欺骗行为，但这一"经验"往往仅局限于这一个人。亲密伴侣对彼此非常了解，因而他们会产生真相偏见，认为伴侣对自己是诚实的。事实上，随着亲密程度的加深，伴侣判断对方欺骗自己的准确性逐渐在下降。

人们通常不善于识破别人的谎言，所以说谎者的谎言大多数都能得逞。然而，即使未被识破，说谎对亲密关系也会产生破坏作用，说谎本身就是一种冒险行为。

（三）背叛

背叛是我们所信赖的人对我们做出的伤害行为，而这恰恰是我们没有料到的。背叛的一个重要组成部分是关系贬值，即痛苦地意识到对方没有我们想象的那样爱并尊重我们。这就是说，背叛发生的必要条件是我们想要的关系受到了伤害。确实,一个人的感情受到伤害,通常是其朋友或爱人引起的,然而,这样的事情却很难避免;一些人的亲密者不止一个。

男女两性在背叛的倾向性上没有什么差异,但在年长、受教育程度高的人中较少发生背叛行为。频繁的背叛者其实也是痛苦的,因为背叛并不能带来快乐,反倒说明他们在建立深刻的亲密关系上是有困难的,他们常怀恨在心、报复心重且多疑。

背叛者和被背叛者的感受是十分不同的。背叛者常常认为自己的行为不会带来什么后果,也无关痛痒。但被背叛者却不这样认为,在大多数情况下,被背叛者认为背叛会损害关系。背叛者很少认可自己行为的破坏性,他们仅认为这是他们自己的事情,不涉及对方。直面背叛,对背叛重新积极地加以解释有助于更好地应对背叛,依靠朋友支持的人与那些假装背叛没有发生、忽视压力的人相比,能够更积极有效地应对背叛。女性比男性能更好地应对背叛。

原谅意味着放弃对别人的错误行为进行报复的权利。如果背叛者对自己的行为道歉,同时被背叛者也能够对背叛者产生移情作用,这时原谅就更容易发生了。幸运的是,原谅在亲密和有承诺的关系中会更容易发生。但也有人说,道歉是下一次犯错的开始,而原谅是下一次允许犯错的开始。能否原谅,取决于个体、取决于关系。

爱情宣言

爱,是特别容易的事情,也是特别难的事情。爱是一种长久且深入的关系,所以在爱中的两个人,需要学会经营,就像经营友情、亲情一样。要想维持长久的爱情,必须付出很多的耐心和努力。以下是摘自《读者》(2019—2022 年)中的"言论"板块的一些语句,进行了些许分析,不妨读一读。

(1) 对方前进一步,我就更热情;对方退后一步,我就想消失。

在快节奏的生活下，没有人愿意长时间在没有希望的事情上耗下去。

（2）喜欢和爱的区别就是，喜欢是棋逢对手，爱是甘拜下风。喜欢就想占有、是索取，爱是甘愿奉献。

（3）是什么让你一直单身？我还没有找到自己，如何去寻找另一半？我们必须先认识自己，才能去认识他人；只有明白自己需要什么，另一半出现时，才容易眼前一亮，不容易错过。

（4）没有一见钟情的皮囊，也没有一见钟情的耐心。当我们不能了解一个人的内涵时，看外表是开始交往的第一步。有人说，爱上一个人，只需要8秒，但长久的爱，需要用更多的耐心去经营。

（5）维持恋爱关系的秘诀：增长处理冲突的能力和发展友情的能力，这是维持亲密关系的两大秘诀。长久的爱，都不是激情的维系，而是亲情、友情的维系。激情很容易消失，所以完美的爱情很少，最让人感动的是年老时还能相互搀扶着看风景。

（6）享受激情，但不要将其作为你希望维持下去的关系的基础。与爱人之间培养一种友谊。努力保持新鲜感；抓住每一个机会与你的伴侣享受新奇的探索。如果对伴侣热切的渴望渐渐演变成平静但深切的情感，不要觉得奇怪。这一个幸福的结果可能会使你成为一个有运气的爱人。

（7）恋爱中所谓的完美，不是遇到对的人，而是相互做合适的人。我们不是要找到一个理想的伴侣，而是要成为理想的伴侣。不要期待改变别人，我们能做的是改变自己。

（8）我们总是很执着地寻找一个完美的伴侣，开始一段称心如意的感情。结婚时，应该做好忍受差异的准备。即使内心中知道理想伴侣或完美伴侣的样子，但真正找到这样伴侣的可能性微乎其微，现实教会我们要学会妥协。只要我们最看重的方面对方有，就算完美。世界上没有完全相同的两片叶子,更没有完全相同的两个人,所以不要要求别人跟我们一致。

(9) 何为真正的表白?只为表达感情,不为索取关系。爱让人彼此安心、放松、踏实,索求让彼此紧张、焦虑、不安。爱和索取的区别:爱是付出,索取是有目的的控制。

(10) 在边界方面彼此独立,在情感层面彼此支持。每个人都有自己的独立空间,但每个人对这个独立空间大小的界定不同,这个空间可能是物理上的,更可能是心理上的。我们要尊重别人的隐私,给对方空间,不要侵占。但在感情上要相互支持,很少有人强大到不需要别人的支持,一个好汉还需要三个帮呢,情感支持或心理支持比物质支持更更重要。

(11) 如果你非常迅速地被一个人吸引,这可能不是爱情,很可能是有未被抚平的创伤。这很可能是迷恋,迷恋正是因为我们在某些方面的缺失。这些缺失可能是曾经的丧失,也就是过去的创伤。

(12) 一段好的感情是彼此自带光芒,相互照亮,让彼此看到希望,而不是一方卑微到尘埃,一方一味地去消耗,把对方拉进伸手不见五指的深渊。无论是友情还是爱情都应该如此。爱应该彼此成就,共促成长。

(13) 彼此有相濡以沫的坚定,也有互不打扰的淡定;有同舟共济的愿景,也有互不依赖的勇气:这是真正成熟的恋爱观。

(14) 当初次面对羞涩而美好的爱情,我们激动,我们彷徨。在享受爱情带给我们的甜蜜之前,我们应该明白,伴随这段爱情的,是一种虽然不是恒久不变,却要我们用一生去承载的东西,它叫责任。

(15) 走爱情这条路,婚姻最自然;走金钱这条路,婚姻最昂贵;走外貌这条路,婚姻最脆弱;走责任这条路,婚姻最坚韧;婚姻的品质取决于你走哪条路。

（16）记住，喝酒不要超过六分醉，吃饭不要超过七分饱，爱一个人不要超过八分。如果你正在为爱迷惘，下面这段话或许可以给你一些启示：爱一个人，要了解也要开解；要道歉也要道谢；要认错也要改错；要体贴也要体谅；是接受而不是忍受；是宽容而不是纵容；是支持而不是支配；是慰问而不是质问；是倾诉而不是控诉；是难忘而不是遗忘；是彼此交流而不是凡事交代；是为对方默默祈求而不是向对方提诸多要求；不要随便牵手，更不要随便放手。

（17）某些特质在最初可能是吸引对方，令对方羡慕、渴望得到的，但是随着时间的推移，这些方面变得不再吸引人。有可能最初吸引人的一种特点渐渐变成了一个伴侣身上最惹人烦的特点，这就是"致命的吸引"。

（18）关系满意度在一个人的去留决定中起到的作用是有限的。人们不是在不幸福的时候离婚，而是在别处的前景最终变得更光明时才会离婚。

（19）有那么一个人，陪伴着他，慢慢温暖，慢慢治愈，一点点修复，直到他建立安全的关系，获得新生，有了安全的体验。过去不好的体验会被消融掉，你终会成长。以爱补爱，是安全感唯一的解药。

（20）尽量不要吵架，用温和的方式解决问题。亲密关系中坏的事情比好的事情更有影响力。比如，你表扬一个人，也批评这个人，二者是不会抵消的。别人依然会感觉郁闷，坏的比好的更有力量。

第六章

人际关系中的自我

在人际交往中，我们是会将自我呈现给他人的，什么是自我？自我是以什么样的角色出现的？个人特质会怎样影响我们与他人的交往？这些在本章都会谈到，摒弃一些不良特质、发展一些优质特质更利于我们建立人际关系。

一、自我概念

自我概念是个体作为一个整体对自己的意识和体验所形成的相对稳定的观念系统，是在与他人的交往过程中形成的，因此，一个人所处的人际关系环境会影响个体的自我概念。同时自我也是个体人格的认知成分，个体对自我的认知也会影响其人际关系。

（一）库利的自我概念

库利认为自我是个体在其社会环境中，将自身连同他物一起视为客体的过程。他提出了两个重要的概念——"镜中我"和"首属群体"。"镜中我"是指个体间彼此互动，从他人的观点、评价中形成的自我反思、自我感觉、自我态度。他认为自我源于同他人的交往。"首属群体"是指人际关系亲密的社会群体，这一概念强调以某些群体为参照镜比在另一些群体里对于自我概念的产生和保持更为重要。而那些存在私人关系和密切关系的群体对于形成人们的自我感知和自我态度最为重要。米德认为自我在本质上是一种社会存在，个体的自我只有通过社会及其中不断进行的互动过程才能产生和存在。自我是在交流沟通中产生的。个体的自我发展主要经历三个阶段：玩耍阶段、游戏阶段和概化他人阶段。

（二）费茨的自我概念

费茨认为在评价个体的自我概念时，不仅要考虑自我概念的多维性，还应考虑个体的总体状况。他把自我概念分成两大部分：第一部分是个体的综合状况，即自我总分与自我批评；第二部分分成两大维度：一是自我概念的结构维度，从认知、情感、行为三方面来分析，可分为自我认同、自我满意和自我行动；二是自我概念的内容维度，可分为生理自我、道德伦理自我、心理自我、家庭自我、社会自我。据此模型，费茨编制了田纳西自我概念量表（TSCS），这一量表在学者们研究自我概念时，被广泛使用。

自我总分是个体对整个自我的看法。自我批评是个体对他人所做的否定或消极的评价和看法的接受程度。积极的自我批评，是偶尔会想一些不可告人的坏事，偶尔会说谎，偶尔会因为身体不舒服，脾气变得有些暴躁，偶尔会想骂人，偶尔会发脾气。消极的自我批评则是会经常发脾气，经常说谎，经常想骂人，经常会做一些不可告人的坏事，经常在背后说别人坏话。

自我认同是个体对自我现况的描述以及由此而产生的自我感觉的认同程度。积极的自我认同：认为自己身体健康，经常保持整洁大方，举止端庄，行为规矩，心情愉快，品德好；认为自己有出息，待人亲切友善，为人诚实，道德意志坚定，不忧不愁，家庭幸福美满，家人朋友对自己很器重，家人很爱自己，喜欢这个世界，很受别人欢迎，偶尔会想一些不可告人的坏事，因身体不舒服偶尔会发脾气。消极的自我认同，认为自己没有出息，觉得家人不信任自己，家人不器重自己、不爱自己，讨厌这个世界，认为自己身体有病，道德意志不坚定，有时想做坏事，心情不平静，经常心怀恨意，很难受到别人欢迎，很难交到朋友，经常想骂人，待人不亲切友善，不能保持整洁大方，行为举止不够端庄大方。

自我满意是个体对自我现况的满意或接纳程度。积极的自我满意是指对自己的身材外貌感到比较满意，认为自己值得别人信任，觉得自己很不错，对自己现在的情形感到满意，尽力去孝敬自己的父母，对自己的社交能力及待人方式感到满意，对自己的道德行为感到满意；认为自己的行为合乎自己的良心，感觉自己这个人还不错，喜欢自己的家人，和家人保持良好的关系，偶尔会把当天该做的事拖到第二天去做。消极自我满意则是对自己身体或身体的某些部位感到非常不满意，认为自己不太值得别人信任，经常觉得良心不安，瞧不起自己，对自己现在的情形也不能感到满意；觉得家人对自己不够信任，自己也没有尽力去孝敬父母，对自己的社交能力和待人方式感到很不满意，经常背后讲别人的坏话，也不太喜欢自己的家人，经常把当天该做的事情拖到以后去做。

自我行动是指人们在接纳或拒绝自己后，所采取的应对行动或外在表现的行为。积极的自我行动是动作比较敏捷、灵活，较少感到自己身体不舒服；在日常生活中凭良心做事，在任何情况下都能照顾自己；敢于面对难题，和家人、朋友关系很好，自己的行为能满足家人的期望；与陌生人交谈不感到困难，并且尽量去了解别人对事物的看法；偶尔会发脾气，很会照顾自己的身体，很少做不正当的事情；做事总是三思而后行，遭遇到困难时，能轻而易举地加以解决；很会关心自己的家人，尽量公平合理的对待家人，和朋友、和别人相处的很好。消极的自我行动是动作显得很笨拙，经常感到自己身体不舒服；为了胜过别人，经常使用不正当的手段；

经常不敢面对难题，经常和家人、朋友争吵，自己的行为也无法满足家人的愿望；和陌生人交谈是件很困难的事；也不愿意去了解别人对事物的看法；经常发脾气，睡眠也不好，经常做不正当的事情，对自己而言做正当的事情或者表现良好行为是有困难的，经常没有经过事先考虑，就贸然行事；遭遇到困难时，总感到一筹莫展；很少关心自己的家人，和别人在一起也觉得不自在，和别人也相处不好。

生理自我是个体对自己身体、健康状况、外貌、技能与性别等方面的感觉。积极的生理自我，认为自己身体健康，对自己的外貌感到满意，身材适中，不胖也不瘦，睡眠也比较好，很少感觉自己不舒服，也很会照顾自己的身体，喜欢保持整洁大方。消极的生理自我则是指认为自己不太健康，身体有问题，对自己的外貌或者身体的某些部位感到不满意，睡眠不好，经常感觉自己不舒服，不会照顾自己的身体，也不会保持整洁大方。

道德伦理自我是个体对道德价值、宗教信仰、好坏人的看法。积极的道德伦理自我是指举止端庄，行为规矩，品德好，为人诚实，值得别人信任，对自己的道德行为感到满意，认为自己的行为合乎自己的良心，很少做不正当的事。消极的道德伦理自我是指经常觉得自己良心不安，不太值得别人信任，为了胜过别人有时会使用不正当的手段，做正当的事或者表现良好的行为比较困难，道德感缺乏，有时想做坏事。

心理自我是指个体对其个人价值及能力等的评价。积极的心理自我，感觉自己有出息，经常保持心情愉快、平静，不忧不愁，对现在的情形感到满意，在任何情况下都能照顾自己，敢于面对难题，对待问题时首先经过深思熟虑而不是贸然行事，遭遇到困难时都能轻而易举地解决。消极的心理自我则认为自己没有出息，瞧不起自己，经常感觉心情郁闷、不愉快，内心不平静，经常心怀恨意，对现在的情形感到不满意，不敢于面对难题，经常没有经过事先考虑便鲁莽行事，遭遇困难时容易一筹莫展。

家庭自我是指个体对自己作为家庭成员的价值感及胜任感。积极的家庭自我，是感觉自己的家庭幸福美满，家人爱自己、信任自己，对自己很器重。自己尽力去孝顺父母，自己对家人也比较信任，喜欢自己的家人，目前与家人保持着良好的关系，关心家人，尽量做到了公平合理地对待朋友和家人。消极的家庭自我是，经常和家人争吵，自己的行为也无法满足家人的愿望。

社会自我是个体在与他人交往中的价值感及胜任感。积极的社会自我，待人亲切友善，受到别人的欢迎，对自己的社交能力感到满意，对自己的待人方式也感到满意，和陌生人谈话不会觉得困难，尽量去了解别人对事物的看法，和别人相处得很好。消极的社会自我则很讨厌这个世界，感到很难交到朋友，觉得自己的社交能力和与他人相处的方式不十分理想，和陌生人谈话感到困难，和别人相处时也感觉不自在。

（三）精神分析学派的自我观

弗洛伊德（Freud）在他的人格心理学中阐述了自我（ego）概念。弗洛伊德认为，人格结构由本我、自我、超我所组成。本我是由与生俱来的本能冲动组成，根据快乐原则行事。自我由本我分化而来，其能量来自本我，是人的理性部分，遵循现实原则。超我从自我分化而来，是人内化了的社会道德，遵循良心原则。弗洛伊德把自我视为联结本我和超我，并调节本我和超我内在冲突的中间环节。自我的功用在于以超我为指导，为本我服务，使本我不能随心所欲，以适应现实，并为本我寻找现实可以允许的释放出口。在人格结构中，自我处于被动的地位，受着本我和超我的双重控制。比如，周六早上，超我对自己说，懒虫，赶紧起床去学习吧，要不然考研就没戏了；本我对自己说，休息一天吧，天天学习太累了；自我觉得超我和本我说得都挺有道理，于是自我做出了一个决定，再睡半小时，起床去自习。这样的经历，你一定有过吧？

阿德勒（Adler）以"自卑情结"为中心思想，创立了"个体心理学"，他认为人类的行为都是出于自卑感及对自卑感的克服与超越。他提出创造性自我，认为它是人格中的自由成分，它使个体能在可供选择的生活格调和追求目标之间进行选择。它是活动的唯一动机，能调动个体的全部力量去追求优越。

霍妮（Horney）把自我分为个人的全部潜能——真实的自我，个人凭空在头脑里设想的形象——理想化的自我，以及个体此时此地身心存在的总和——现实的自我三个部分。她指出，自我的功能是根据现实调整行为，取得人与环境、人与人的互动与协调。

埃里克森（Erikson）认为，自我是帮助个体建设性地适应环境，使个体勇敢地面对危机，解决一生中自身发展各阶段的冲突，顺利度过人生的每个转折点的组织结构。自我是人格结构形成和发展的源泉，人格发展的本质就是自我的发展，人格发展的过程就是自我同一性形成的过程。人在不同的阶段，有不同的任务。比如，亲密对孤独的冲突（18~25岁）这一阶段属于成年早期，建立了牢固的自我同一性的人才敢于与他人发生爱的关系，热烈追求与他人建立亲密的关系。因为与他人发生深刻的爱的人际关系，要求把自己的同一性和他人的同一性融合为一体，这就需要个体做出某种程度的自我牺牲。而没有建立牢固的自我同一性的人，会担心因与他人的亲密关系而丧失自我，他们会寻求逃避，从而产生孤独感。

当代精神分析论的代表、美国精神病学家沙利文（Sullivan）发展了另一种精神分析观，即精神病学的人际关系学派。受库利和米德的影响，沙利文十分强调自我发展的社会和人际关系基础。沙利文认为，自我的发展来自与他人接触时所体验的感受，以及对他人评价的反响或感知。自我的重要部分，是与焦虑和安全体验有关的部分，包括与愉快相联系的"好我"，与痛苦和安全受到威胁相联系的"坏我"，以及和难以容忍的焦虑相联系的"非我"或拒绝的自我。

一些当代的精神分析学家关注个体如何建立起自我感并保护其完整性,他们被称为对象关系理论家。对象关系理论(Object Relations Theory)着重于关系寻求而不是经典精神分析学家所强调的本能的满足。对象关系理论家强调过去重要人物的经验是如何作为自我的、他人的以及自我与他人关系的各方面加以表征的,这些自我表征又如何影响目前的关系。他们一致强调对自我、他人、自我与他人关系的心理表征的早期发展。

(四)以人为中心的自我观

自我实现论既是马斯洛的自我论,也是他的人本主义心理学理论的核心。马斯洛把个人对自我实现的追求看成是人生需要的最高境界。所谓自我实现,就是一个人力求变成他能变成的样子。它有两层含义:一是圆满人性的实现,指作为人类共性的潜能的自我实现,如友爱、合作、求知、审美、创造等特性或潜能的充分发展。二是个人潜能的实现,指作为个体差异的个人潜能的自我实现。他说:"自我实现也许可大致被描述为充分利用和开发天资、能力、潜能等。"

尽管对自我的讨论从詹姆斯就已开始,但自我概念的提法直到罗杰斯的自我理论受到人们广泛关注之后才得到较多运用。罗杰斯是在其他人格心理学家忽视自我概念时提出应强调自我概念的。根据现象学的研究取向,罗杰斯提出每一个人都以一种独特的方式来看待世界,这些知觉构成个人的现象场。现象场的关键部分是自我,自我概念是个人现象场中与个人自身有关的内容,是个人自我知觉的组织系统和看待自身的方式,是一个有组织的、一致的感知模式,影响着我们如何行动。罗杰斯继承了詹姆斯的观点,认为自我包括主格我(I)和宾格我(me)两个方面。罗杰斯认为宾格我是自我意识的对象，同时也是自我意识的本体，它是通过接受别人（社会）对自我的有意识的态度系统而形成的；主格我是自我的动力部分，是自我活动的过程，虽然它在宾格我的框架范围内活动，但它具有面向未来的特征，使人可能超出现有的宾格我的框架，并使人的行为具有自由意志性、创造性和新异性。罗杰斯将詹姆斯和米德的主格我和宾格我的概念统合到一起，使自我概念的内涵同时具有对象和作用两个方面。另外，罗杰斯根据临床实践，还提出了与现实自我相对应的理想自我。理想自我代表个体最希望拥有的自我概念、理想概念，即他人为我们设定的或我们为自己设定的特征。它包括潜在的与自我有关的，且被个人高度评价的感知和意义。而现实自我包括对已存在的感知、对自己意识流的意识，通过对自己体验的无偏见的反映及对自我的客观观察和评价，个人可以认识现实自我。罗杰斯认为，对于一个人的个性和行为具有重要意义的是他的自我概念，而不只是现实自我。自我概念不仅控制并综合着个人对于环境知觉的意义，而且高度决定着个人对于环境行为的反应。理想自我的实现就是指理想与自我概念完全一致，罗杰斯称这种情况下即"成为一个人"或"变成自己"，是一个健康的或充分发挥作用的人。罗杰斯在其早期强调自我一致性或称为自我验证，即个体试图在自我知觉之间以及自我知觉与即将获得的信息之间寻求一致性。他在临床实践中发现，现实自我和理想自我之间的不一致是导致神经症的原因之一。后来他认为自我增强的需要比维持自我一致性的需要更强。自我增强（即"正面关注自我"）指试图寻找维持或提高自尊的信息。

（五）认知学派的自我观

认知心理学家马卡斯（Markus）认为，自我应被看作是一种认知结构或图式。自我图式是指影响个体对关于自己信息的编码、储存和提取的认知结构,是对自我的认知类化。它来源于过去的经验,它组织并引导着有关自我的信息加工过程。正如我们对各种事件与知识可以形成事件图式与文本图式一样,我们对自己也有一个经常使用的图式。虽说自我图式是对自我认知的概括,但并非一个人生活的所有方面都能成为自我图式的一部分。马卡斯把自我区分为实际自我与可能自我。可能自我是指人们认为自己将来可能成为什么、愿意成为什么或害怕成为什么的自我。可能自我不仅有助于组织信息,还具有强大的动机影响,它指导我们成为某种类型的人而不成为其他类型的人。人们的行为由可能自我指导,它指使一个人为了更好或更坏而如何去做。可能自我指导和形成当前实际自我的行为。总之,马卡斯既强调自我的结构方面,又强调自我概念影响进一步信息加工的方式。

晓鸣是个很热情的女孩子,喜欢交朋友。她到学校的第一天,就与自己同宿舍对床的小王成了朋友。虽然学生时代的学业任务很重,除了学习,其他空余时间很少,但她还是会经常陪小王一起吃饭、逛街、散步等,慢慢地二人成为无话不说的好朋友。好景不长,晓鸣渐渐地感觉到小王对她有些冷淡,而且她越是觉得小王对她冷淡,她就对小王越好。可事与愿违,小王并没有改善对晓鸣的态度,晓鸣逐渐受不了小王,对小王也从最初的无话不谈、无微不至,变成恶语相向。两人从此成为路人,即使在一个宿舍,也互相提防,晓鸣实在受不了,就找老师倾诉。老师帮她进行了分析,晓鸣是一种讨好型人格,愿意用自己的"无私"付出,换取他人的欢心;晓鸣的安全感不足,需要跟别人有很强的联结才能感觉到安全,或是与别人在一起的时候她才感觉不那么害怕,殊不知,这样的方式让对方很窒息;晓鸣的认知有些偏差,认为对方要么是自己最好的朋友,要么就是自己最坏的敌人,这种非黑即白的认知,让她没有办法交到长久的朋友。晓鸣觉得老师说的有道理，她认识到要通过不断学习，让自己成长起来。

"我是谁？""我是一个怎样的人？""我对自己有着怎样的认知？"这些都将影响着"我"与他人的关系。当然，热情、真诚、温暖、豁达、乐观这些都是为人际交往加分的品质。那么，什么样的品质会给人际交往减分呢？比如偏执、依赖、自卑、"社恐"、羞耻感等。

不同学者、不同流派对自我有不同的解构，这些解构无一例外对我们与他人建立关系提供了不同视角，不同的自我成分对不同的关系起到了一定的助力或阻力作用。

二、个人特质对人际关系的影响

（一）认知偏差

认知指人们通过心理活动获取知识。认知在心理过程中处于核心地位，认知决定情绪和行为，对人际关系具有重要影响。人际矛盾或冲突的产生往往不是由事件本身引起的，更多的情况下是由当事人对这一事件、这一行为的认知偏差所引起。

我们常会有非黑即白的绝对化要求、以偏概全的过分概括化和糟糕至极的认知模式，这些自动化的认知模式会影响到我们对一件事、一个人的看法，会影响到我们的人际关系。

绝对化要求是指人们以自己的意愿为出发点，对某一事物怀有其必定会发生或不会发生的信念，它通常与"必须""应该"这类字眼连在一起。比如"别人必须很好地对待我""我的闺蜜只能跟我好""他必须像宠小孩一样宠着我"等等。有这样的认知思维的人极易陷入情绪困扰中，对方如果没有做到位，很容易被理解成"他对我不好，我要和他绝交"。当我们有这样的认知时，就会很难与他人有长期的、深入的交往，人际交往变得相当脆弱。

过分概括化，是一种以偏概全的不合理思维方式的表现。过分概括化的一个方面是人们对自身的不合理评价。比如，做一件事情，没有成功，就认为自己很差劲、无价值、无能、是废物等。以自己做的某一件事或某几件事的结果来评价自己、评价自己的价值，其结果常常会导致一些不好的感受或不良情绪发生。过分概括化的另一个方面是对他人的不合理评价，即别人稍有差错就认为他很坏、一无是处等，这会导致一味地责备他人，以致产生敌意和愤怒等情绪。

糟糕至极是一种认为如果一件不好的事发生了，将是非常可怕、非常糟糕的，甚至是一场灾难的想法。这将导致个体陷入极端负性的情绪体验中。如果我们的伴侣与其他异性交往过密，糟糕至极的想法就是：我的伴侣是不是不爱我了？是不是会离开我、抛弃我？当个体有了这样的想法，情绪就会跌到低谷，大吵大闹者有之，一蹶不振者有之，寻死觅活者有之。

以上认知模式或认知思维是人们固有的一种思维模式，如果不有意识地去注意很难觉察到，但这些固有的思维模式给我们的人际交往带来很多消极影响，也给我们的人际交往造成一些障碍。

小鑫总是很悲观，在她的人生信条中有一条是学习一定要好。好的标准是第一，第二就是不好。当好友问她，为什么一定要学习好时，她这样回答，学习好，才能找到一个好工作，有了好工作才能养活自己，能养活自己后，才能把爸妈从老家接到城市。如果学习不好,这一切就全完了。但一个人很难每次都考第一,有一次,她考了全班第三。知道成绩后,她哭得非常伤心,觉得自己的天要塌了,自己的梦想要泡汤了。仅凭一次考试,自己的梦想就完了吗?可能绝大多数人都不是这样认为的,但小鑫是这样认为的。小鑫的"糟糕至极"的认知偏差,让她经常情绪低落,觉得生活毫无意义。

(二)内向

个性是指个体在行为上的内部倾向性,它表现为个体适应环境时在能力、情绪、需要、动机、兴趣、态度、价值观、气质等方面的整合,是具有动力一致性和连续性的自我,是个体在社会化过程中形成的独特的身心组织。

个性与个体对外界刺激的反应密切相关,会直接影响个体的人际交往。依据心理活动的倾向性,荣格将性格分为两类,一种是外倾,另一种是内倾。一般来讲,外倾型的人思想比较开放,喜欢与人交流,能够很快与人建立和谐的交往关系。而内倾型的人比较安静,不喜欢与周围人打成一片,不善于与人交往。

"这样的性格会吃亏的",这可能是内倾或内向的人常被告诫的一句话。也有人说,内向性格是缺点,是缺陷。这样的言语可能伴随着内向者的整个童年。如果你也是一个内向的人,一定深有同感。世界上有三分之一的人性格都是内向的,这就意味着每三个人中就有一个。德国著名性格咨询专家西尔维亚·洛肯在《内向高敏者》一书中提到了内向者的优势:谨慎、专注、自我探索、善于倾听、安静独立、善于分析、擅长写作、持之以恒、有同理心等。当然也有与之相对的劣势:恐惧、过于注重细节、自我否定、易受刺激、被动、逃避、过于理智、固执、害怕冲突。

内向的人不是不交往，而是不过多交往。他们更深情，因为他们更容易向内心做更多的探索，他们似乎会追求高质量、稳定的社交关系。周国平先生说："外倾性格的人容易得到很多朋友，但真朋友总是很少的。内倾者孤独，一旦获得朋友，往往是真的。"内向者不喜欢广泛社交，所以他们的交友圈很小，可是他们一旦建立友情，就会以一颗真挚的心去对待。同时，他们最会保守秘密，不会随意对别人评头论足，也不会四处传播，因此，值得信任与深交。

内向本身并不可怕，因为它根本不是缺陷。害怕内向，或者以内向为耻才可怕，这是对自我的否定。《内向者优势》（马蒂·奥尔森·兰妮著，天地出版社2019年版）里的一段话，给了我们很好的提示：享受生活，适当休息，欣赏您的内心世界，做一个真实可信的人。珍视您的好奇心，享受心境的和谐，享受独处，对生活充满感激，做您自己，记着，让您的光芒洒向四方。活出自己的价值，不以内向为敌，才是我们应有的态度。

（三）社恐

当我看见小狗，我会：汪汪汪，小狗狗；当我看见猫咪，我会：喵喵；当我看见人类，我会避开眼神接触，并希望他不要过来跟我讲话。——网友

戴好帽子、塞上耳机、看着手机，最好再戴一副遮住半张脸的墨镜才敢出

门……生活中,你是否见过这样的"社恐"青年?又或许,你也是"社恐"人群中的一员?

所谓社恐,即社交恐惧症,原指社交焦虑障碍,是一种频发于青(少)年阶段的极端境遇性恐惧,多表现为在公开社交活动中害怕被人注视,担心出丑或陷入窘态,并伴有持久而明显的恐惧、焦虑情绪或逃避行为,是一种在少数青(少)年群体中会出现的心理问题。当下一些年轻人常挂在嘴边的"社恐"和真正的社交恐惧症是有区别的。华南师范大学心理学院副教授迟毓凯提到,"有些年轻人说自己'社恐',其实是一种对号入座的心理效应,觉得这个概念和自己有相似性,就像网络中流行的那句'你是不是看我身份证了'"。

迟毓凯认为,许多认为自己有"社交恐惧"的年轻人并不是真的有严重心理障碍,这类人常说的"社恐"有以下几个原因。第一,一些人可能因为现实社交礼节烦琐,倾向于逃避社会角色需要的社交规则。第二,人际交往中的边际感不清,也是当下一些年轻人不愿社交的原因。第三,有些人会把"社交恐惧症"当作对逃避社交的一种宽慰。"害怕社交的人给自己的心态找到了理由,也在'社恐'群体中找到了归属感,给自己一个不出去社交的借口。"第四,另一个让年轻人"社恐"的原因,是他们害怕真实社交失败。"真实社交是容易失败的。在工作场合、人际交往场合说话不得体,会让人非常懊恼。逃避社交的人会觉得,只要去社交,就有出错的可能,但如果不和人交往,就不会失败。这些人往往不是不想社交,人作为社会性动物,一般都希望获得他人的认可和喜欢,渴望追求人际交往的成功,害怕人际交往失败后被人瞧不起。"

据《中国青年报》(2021年11月)调查显示,80.22%的受访大学生有轻微"社恐",甚至"社恐"成为许多大学生日常社交中使用的文化符号。当下在大学生群体中流行的"社恐"泛指因行为主体不敢进行面对面的社会交往或在交往时感觉到有压力或不自在，导致不能以正常的方式表达自己的意见或者态度。"社恐"已经由传统意义上的心理疾病泛化为掩护青年社会退缩行为的文化标签。

对"社恐"的人来说，他们只是在陌生人面前不愿意表达分享，在熟人面前还是可以很活跃的。与内向的人不同，内向的人是本身话就比较少，跟熟悉的人说话也不多。强调自己"社恐"的人大部分都是拿这个当借口，不愿意出头。当面对熟悉的朋友、家人时，"社恐"大学生则展现出善于交往的一面，而在面对陌生的群体时，则做出相对冷漠和不愿表达自己的表演性"社恐"反应，甚至将此作为自身"躺平"的借口。

社恐的人是怎么想的？"当我面对人群的时候总有焦虑心情，比如和别人聊天时，如果他没有对我刚才说的话做出回应，我就会认为，他是不是觉得我刚说的事情很无聊，久而久之，我就很害怕和人打交道。"这种紧张和焦虑感让社恐的人面对人群时总想"逃离"。从认知心理学角度来看，这样的心理活动可以被称为认知加工偏差。社交恐惧症往往与认知加工偏差有关，比如，在面对社交人群时会夸大负面结果出现的可能性，或者习惯对模棱两可的情况做出消极的解释。他们总是担心自己举止失当，害怕因此而被人群嘲笑或是得到负面评价，也害怕自己内心的紧张不安被别人识破，进而得到负面评价。

社恐的人有一个重要表现是，在社交中无法获得认同感，或者说害怕在社交活动中得不到内心希望的认同。所以，放下担心、放下害怕，勇敢表达、勇敢做自己，就是社恐的出路。❶

---

❶ 程思，毕若旭. "社恐"日记的背后有努力、有尝试、有改变：超八成受访大学生认为自己轻微"社恐"［N］. 中国青年报，2021-11-23（011）.

（四）自恋

我们经常听到有人用自恋来形容自己或他人，表明自己对自己的喜欢或狂妄。所谓自恋，就是对自我的迷恋。自恋可以分为两种类型，一种是自大自恋，另一种是脆弱自恋。前者是对自身品质或人际关系能力的夸大，即以夸大自身品质的方式来迷恋自我。根据夸大的内容不同，自大自恋又可以分为

主体自恋和人际自恋两种亚类。主体自恋是高估、夸大自身的职能、创造性、专业能力，觉得自己能力巨大、超群。一个呈现出主体自恋特性的人，对自身品质与能力的夸大总是伴随着对他人的贬低、否定，因而招人厌烦，人际关系质量实则不良。人际自恋则是高估自己的人际品质、人际吸引力，觉得自己极端受欢迎，有人际威信，处事公正，合作性强。人际自恋夸大的是人际魅力，但也将这种吸引力归功于自身品质，比如善于交际、理解他人、权威等。

很少有人会喜欢和自恋的人交朋友，因为自恋的个体给人的感觉是向外的自我扩张，有很强的攻击性，不把对方放在眼里、不容易沟通、强势、浮夸、渴望赞美、缺乏同情心、拥有特权感、妄自尊大、易嫉妒等。与这样的人相处会非常不舒服，因为他们膨胀的自我，让我们的自我无处安放。

自恋的个体在人际上的特征包括人际关系的疏远和回避、不安全感、脆弱、敏感、羞耻倾向。自恋的人难以和任何人建立真正的关系，他们的内心世界中只有自己，而且有些偏执地认为自己的一切都是好的。他们最大的痛苦，不是和别人建立不了关系——因为在他们内心没有别人的位

置,而是当现实不能满足他们的自恋和控制欲的时候,他们难以面对"自我否定"。这对他们来说是最大的痛苦和打击,他们认为一旦自己被否定,就意味着自我世界的崩溃,随之而来的恐惧和焦虑让他们手足无措,甚至绝望。

谁愿意自恋呢?估计没有人愿意。但自恋是怎么形成的呢?有人说,这是因为个体在0~3岁时没有被很好地照顾,没有得到很多的安全感,他们是在痛苦、缺爱、渴望温暖中度过的。爱上自己对个体自身的个性发展能起到很好的助推作用,有利于维持人格的积极性和稳定性。自恋特质中的优越感和特权感等会使个体相信自己的能力,增强追求成功的勇气。从这个意义上来说,"恋"是好事情,不好的就是,过度了。过于"爱自己"就是自恋了。

如果你愿意或想要改变自己自恋的特质,可以培养对他人的关心和善意,勇于表达自己的感受,记录自己的优势,制定自己合理的目标,寻找自己的资源等。

> 紫莲是一个特别能干,但又超级自恋的人。她的口头禅是,"看看,这事也就我能做好,你们都不行吧"。紫莲是一位办公室工作人员,每天要处理大量的事务性工作,一般人一次只能处理一两件,但她不同,一次可以处理五六件。这种工作能力让她对自己非常满意,别人对她也很佩服。但紫莲的问题就在于,她能力强是好事,但总夸自己,就让别人不怎么舒服了。一天,紫莲又一次处理了五件事情,短时高效,受到了领导的表扬。回到办公室,她开始向其他同事炫耀说,"我吧,就是能力强,这些事情对我来说都是小菜一碟"。本来其他同事还想夸夸她,但听她这么说,就没人搭理她了,都在想,让她自己美去吧,看把她能耐的,少理她。没人搭理,紫莲也会心情很糟糕吧。

（五）安全感

前面的章节已经提到过依恋理论，它是人际关系理论中非常重要的一个。鲍尔比在1958年对婴儿觉察到照顾者离开后，呈现出大声哭闹等反应，当照顾者回来后，婴儿展现对其纠缠的这种行为进行研究，发现婴儿与照顾者之间存在一种紧密的关系，并将这  种紧密的关系称为依恋。这种行为的产生缘于婴儿与照顾者分开后的不适应。幼儿时期的依恋关系分为三种类型：安全型依恋、焦虑-矛盾型依恋和回避型依恋。后续，研究者发现这种婴儿时期形成的依恋关系同样存在于成年时期。成人依恋是个体和他人之间形成的重要情感联结，这种联结持续时间较为长久。由于个体的依恋类型不同，与他人所产生的情感联结也不尽相同。若个体为安全型依恋，则表现出信任依恋对象，并喜欢与之亲近；若个体为回避型依恋，则表现出不信任依恋对象，并且在情感方面与之保持一定的距离；若个体为焦虑-矛盾型依恋，则因缺乏证明依恋对象的情感是否有效的线索，表现为不愿意亲近依恋对象。

随着研究持续，研究者发现，仅从不同类型的角度对成人依恋的差异进行区分是不正确的；从依恋的内部划分维度，才能正确描述不同个体相应的依恋类型。于是，将成人依恋分为依恋回避和依恋焦虑这两个部分。焦虑维度测量的是个体对被情感联系密切的他人拒绝和抛弃的恐惧水平；回避维度测量的是个体与情感联系密切的他人的亲密程度及个体在心理和情感上的独立水平。依照研究对象在这两个部分上获得的分数不同，区分为四种依恋类别：若两部分获得的分值皆低为安全型依恋；若依恋焦虑水平获得的分值高，但依恋回避获得的分值低，则为焦虑-矛盾型依恋；若依恋焦虑水平获得的分值低但依恋回避获得的分值高则为疏离型依恋；若两部分获得的分值皆高为恐惧型依恋。类型一的个体对自身和别人有乐观的正性评价；类型二的个体对自身的评价是负性的，然而以正性的态度评价他人；类型三的个体与类型二的个体正相反，即对自身的评价是正性的，但以负性的角度评价他人；类型四的个体对自我和他人的评价，都是负性的。

安全型依恋，这种类型的人认为自己是值得被爱的，他人也是值得被爱和被信任的。安全型依恋是一种稳定和积极的情绪联系，以爱情关系中的关怀、亲密感、支持和理解为标志。这种类型的人认为自己是友好、善良和可爱的人，也认为别人普遍是友好、可靠和值得信赖的人。他们容易与其他人接近，总是放心地依赖他人和让别人依赖自己。一般来说，他们既不会过于担心被抛弃，也不怕别人在感情上与自己过于亲近。无论我们自己的依恋方式属于哪一种，找到一个安全依恋型的人做自己的伴侣，对我们来说都是一件好事。

痴迷型是焦虑—矛盾型的替代名称，这种类型的人依赖于他人的赞许来获得内心的安适坦然，所以他们过度地寻求认同，沉溺于人际关系。他们认为自己是不值得被爱的和没有价值的，但是他人是可接受的，总是努力赢得他人的接纳，并以此消除自己消极的自我形象。痴迷型依恋的特征是对人际关系有着复杂的情感，这就使人处于爱、恨、怀疑、拿不起、放不下的情感冲突之中，导致一种不稳定和矛盾的心理状态。通常，痴迷型的人总觉得自己被误解和不受赏识，认为自己的恋人和朋友都不可靠，不愿意与自己建立持久的关系。他们担心他们的恋人并不真正爱自己，或者会离开自己。因此，他们一方面希望能与自己的恋人极为亲近，另一方面又对恋人是否可靠和可信满腹猜疑。

第三种和第四种依恋类型反映了两种不同的"回避型"。回避型依恋常常表现出惧怕亲密关系和拒绝信赖别人的倾向。回避型依恋的人往往在关系未能向好的方向转变之前就开始退缩，他们对爱情多疑且冷淡，认为别人不可靠或过分急于要承诺。结果是，他们觉得难以完全相信和依赖别人，只要有人试图在感情上亲近他们，他们就开始紧张。从根本上讲，他们在回避亲密的关系。

恐惧型的人对自己和他人的态度都是消极的，这种类型的成人可能出于害怕被拒绝而极力避免和他人产生亲密关系。虽然他们希望有人喜欢自己，但更担心自己因此离不开别人，而一旦建立了亲密关系，又往往会过度担心伴侣会离开自己，整天提心吊胆。有时想到与伴侣亲密相处时他们就会感到恐惧。

> 最近，小孔谈了一个女朋友。随着交往的深入，小孔有点紧张、担心自己跟女友的关系，虽然他很确定自己是喜欢女友的，而且女友也很喜欢他。小孔找到咨询师，跟咨询师聊起这件事情。小孔说，在交往的过程中，总是隐隐担心女友会嫌弃他，觉得他不好，还觉得自己配不上女友。咨询师好奇地问，是什么原因？小孔说，他总会自觉不自觉地拿自己与别人比较，觉得自己个子不如别人高、长得不如别人帅、工作不如别人好……更觉得自己配不上女友。他还说，自己常怀疑，为什么女友能看上他呢？他还总是担心，怕与女友相处久了，女友知道了他太多的信息后，会离开自己。慢慢地，小孔开始有意疏远女友，他总觉得保持一定距离才是安全的。女友似乎感觉到被冷淡了、被忽视了，女友问他为什么总是躲着不见自己。小孔又一言难尽。本来相恋的两个人就这样分手了，小孔觉得很遗憾。

疏离型的人对自我的看法相对积极（自己是有价值的），但是认为他人会拒绝自己，和他人发生亲密关系得不偿失。这种类型的成人会以避免与他人发生联系来作为保护自己不受伤害的手段。他们拒绝与他人相互依赖，因为他们相信自己能自力更生，也不在乎他人是否喜欢自己。他们会更关注替代选择，会留心任何可能的其他爱情选择，更容易被新结识的人所吸引。同时，他们往往希望将来的伴侣不给他们提供帮助，因为他们不打算反过来做任何报答。

有一种现象不得不提，那就是现在绝大部分人都使用网络，而网络将社交置于一个更便捷的环境中。无论是在工作中与同事的沟通，还是在生活中与恋人、家人的沟通，都离不开网络。社交网站给人们带来一个巨大的好处——增加人们社交的可能。如果你的伴侣花费很多时间在网络上聊天，而忽略你的存在，你会怎样？这对于依恋焦虑的个体是一把双刃剑。虽然依恋焦虑程度高的个体可以随时了解伴侣的动态，但在浏览伴侣的社交网站的过程中增加了识别暧昧信息的风险，进而降低依恋焦虑个体的安全感。

测一测　测试你属于哪种成人依恋类型

请阅读下列语句，并衡量你对情感关系的感受程度。请考虑你的所有关系（过去的和现在的），并回答有关你在这些关系中通常感受的题目。如果你从来没有卷入情感关系中，请按你认为的情感会是怎样的来回答。

请在每题之后的括号里填写与你的感受一致的数字。

1 代表完全不符合，2 代表较不符合，3 代表不能确定，4 代表较符合，5 代表完全符合。

1. 我发现与人亲近比较容易。（　）
2. 我发现要我去依赖别人很困难。（　）
3. 我时常担心伴侣并不真心爱我。（　）

4. 我发现别人并不愿像我希望的那样亲近我。（　）

5. 能依赖别人让我感到很舒服。（　）

6. 我不在乎别人太亲近我。（　）

7. 我发现当我需要别人帮助时，没人会帮我。（　）

8. 和别人亲近使我感到有些不舒服。（　）

9. 我时常担心伴侣不想和我在一起。（　）

10. 当我对别人表达我的情感时，我害怕他们与我的感觉会不一样。（　）

11. 我时常怀疑伴侣是否真正关心我。（　）

12. 我对别人建立亲密的关系感到很舒服。（　）

13. 当有人在情感上太亲近我时，我感到不舒服。（　）

14. 我知道当我需要别人帮助时，总有人会帮我。（　）

15. 我想与人亲近，但担心自己会受到伤害。（　）

16. 我发现我很难完全信赖别人。（　）

17. 伴侣想要我在情感上更亲近一些，这常使我感到不舒服。（　）

18. 我不能肯定，在我需要时，总找得到可以依赖的人。（　）

评分标准

1. 计算分量表分

本量表包括3个分量表，分别是亲近、依赖和焦虑分量表，每个分量表由6个条目组成，共18个条目。本量表采用五级评分法，填几就得几分。其中，第2、7、8、13、16、17、18题为反向计分条目，在评分时需进行反向计分转换。

先计算各分量表的平均分数，再将亲近和依赖合并，产生1个亲近依赖复合维度。

亲近分量表	题号	1	6	8	12	13	17	平均分
	得分							
依赖分量表	题号	2	5	7	14	16	18	平均分
	得分							
焦虑分量表	题号	3	4	9	10	11	15	平均分
	得分							

亲近依赖复合维度计算方法：亲近依赖均分＝（亲近分量表总分+依赖分量表总分）÷12

2. 依恋类型的划分

安全型：亲近依赖均分>3，且焦虑均分<3

痴迷型：亲近依赖均分>3，且焦虑均分>3

疏离型：亲近依赖均分<3，且焦虑均分<3

恐惧型：亲近依赖均分<3，且焦虑均分>3

结果解释：参考上文中对于依恋类型的解释。（吴薇莉、张伟、刘协和，2004）

第七章

人际吸引

人与人之间是有相互吸引力的，要不然怎么能在一起。关于人际吸引，不同的学者有不同的观点，而且人际吸引也会遵循一定的原则。本章中介绍了一些提升人际吸引的方法，但还是很有限，更多好的方法还是需要在日常交往中不断摸索。

一、人际吸引

人际吸引，又称人际魅力，是个体间在情感方面相互喜欢和亲和的现象，是个体与他人之间情感上相互亲近的状态，也是人际关系中的一种肯定形式。按吸引的程度，人际吸引可分为亲和、喜欢和爱情。人际吸引是在亲和需要的基础上发展起来的。亲和仅指愿意与他人在一起的倾向，并不涉及是否喜欢他人，更不涉及对他人品质的评价积极与否。但亲和是吸引的基础，吸引的一般形式是喜欢或友谊，吸引的强烈形式是恋情或爱情。亲和是较低层次的人际吸引，喜欢是中等程度的吸引，爱情是最强烈的人际吸引形式。

关于人际吸引，不同的研究者提出了不同的理论，主要有以下几种。

（一）强化理论

强化是通过不断改变环境的刺激来达到增强某种行为产生频率的过

程。强化是学习论的一项基本原则，运用到人际吸引中，就是我们喜欢能给予我们奖励的人。这个过程借助于奖励等强化方式来实现。强化理论认为：

（1）对任何事物（包括交往对象）所引起的肯定或否定、满意或不满意的情感评价，以及由此产生的喜欢或厌恶的程度、好感或恶感的情绪，是个体进行第二次交往的基础。

（2）人际吸引的大小和奖罚有相应的关系。如果与交往对象的接触背后紧跟着奖励，如表扬、称赞、报答等，就会引起对方喜爱，产生愉悦的情绪体验，与对方形成良好的人际关系，而个体的这个行为在一定程度上得到了强化。

（3）人们喜欢给予自己奖励的人，而不喜欢导致自己感受上不愉快的人。

希希是一个大学生，她有三个舍友，分别是小正、小付和小钟。刚入学时，四个人是好朋友，上课、吃饭、学习、逛街都在一起，关系好得不得了。希希从小到大都是在爸妈的呵护下长大的，没怎么听过批评、指责的话。小付跟希希的成长环境有些不同，小付经常听爸爸指责妈妈这不对、那不好。小付也习得了爸爸的说话方式，经常指责别人。一天，希希网购了一条裙子，希希问舍友，"好看吗？"小正和小钟都说，"挺好看的，还不错。"但小付说，"难看，太肥大了，像个中年人。"这样的例子在她们的生活中还有很多。希希觉得挺难过的，跟小付的关系越来越疏远了。但小正和小钟就经常肯定或夸奖希希，她们相处得挺好。大家觉得，小付是不是要改一改呢？

（二）相互作用论

当两个个体在相互交往中，经常感到情感上的满足和安定，感到心情愉悦，并且非常乐意与对方交往时，他们之间就建立了良好的人际关系。每个人对对方来说都是一种非常强烈的吸引，这是一种互酬行为或者说是一种报答行为。一旦交往的双方中任何一方对交往不满意时，这种关系就会受到损害，进而影响两人之间的继续交往，双方要建立良好的人际关系就比较困难了。

（三）相等理论

这一理论认为，我们对于一个人的喜欢与否，是基于成本与利益所做的评价。当我们认识到，从人际交往中得到的报酬超过成本时，便会喜欢和我们交往的人。

（1）以最小的代价来换取最大的报酬是非常正常的事，是一般人所追求的行为目标。

（2）在现实生活中，人们往往是以代价和报酬的相等来衡量自己周围的人际关系。人们希望在交往中自己的代价和报酬自始至终保持平衡、投入与支出相匹配，并以此作为衡量人际吸引大小的尺度。如果在交往中代价和报酬是相等的，或者得到的利润是正的，那么，交往的另一方对他来说就具有吸引力，就愿意继续交往下去。反之，就会失去交往的欲望和动机，也就失去了交往中的这种人际吸引力。

（3）两个人之间关系的建立、维持和发展，要看当事人觉得这种关系的维持是否对双方都有益处，即建立人际关系要看是否能获利、是否有需要，从而决定自己的交往行为。

（四）得失理论

得失理论认为，在人际关系中，一成不变地讲好话并没有像先讲坏话，然后再慢慢地改变成讲好话的情形来得更吸引人、讨人喜欢。人的主观意识，如对一个人的评价，对交往动机、目的的预测，对交往行为的估计，个人的偏好等，在人际关系建立过程中起着更为重要的作用。

得失论是否得当，使用时必须考虑两个因素：（1）得失的评价应该是谈论到同样的人格特质或事物，明白地显示出批评者在基本态度上有了改变。（2）态度的改变必须是逐渐的，而不是突然的，突然的改变容易引起疑心和困扰，从而影响人际吸引的增加。

二、人际吸引的原则

（一）相似性原则

相似性原则认为人们往往喜欢那些与自己相似的人。这里所说的相似性不是指客观上的相似性，而是人们感知到的相似性。实际的相似性与感知到的相似性是有联系的，而且前者往往决定后者，但二者不是完全对应的。感知到的相似性包括信念、价值观、态度和个性品质的相似性，外貌吸引力的相似性，年龄的相似性，以及社会地位的相似性等。许多研究表明，相似性与喜欢之间有直接联系。被试认为，他人越是与自己相似，自己便越是喜欢这个人。美国心理学家纽科姆的现场研究证明，在研究开始时那些在信念、价值观和个性品质上相似的人，在研究结束时成了好朋友。

但是，人们在早期交往中，信念、价值观和个性品质的相似性往往显示不出来，此时年龄、社会地位、外貌吸引力往往起着重要作用。随着交往的加深，信念、价值观、个性品质等因素的作用便凸显出来，甚至超过其他因素。

对相似性原则的一种解释是，相似的人肯定了我们自己的信念、价值观和个性品质，起着正强化作用，而不相似的信念、价值观和个性品质起着负强化的作用。这种正负强化作用通过条件反射过程与具有这些特点的人联系起来，结果造成人们喜欢相似的人，不喜欢不相似的人。

还有一种解释认为，相似性吸引是由于它提供了关于他人的信息。人们通常重视自己的信念、价值观和个性品质，所以，对拥有同样特点的人引起好感。

在相似性因素中，态度是最主要的因素，例如在政治观、宗教信仰、对社会现象的看法等方面比较一致的人，在感情上更为融洽，即所谓志同道合、情投意合。纽科姆曾在密歇根大学做过一项实验，实验对象是17名大学生。实验者为他们免费提供住宿四个月，交换条件是要求他们定期接受谈话和测试。在被试进入宿舍前先测定他们关于政治、经济、审美、社会福利等方面的态度和价值观以及他们的人格特征。然后将那些态度、价值观和人格特征相似的学生与不相似的学生，混合安排在几个房间里一起生活四个月，四个月内定期测量他们对上述问题的看法和态度，让他们相互评定室内人，并说出自己喜欢谁或不喜欢谁。实验结果表明，在相处的初期，空间距离的邻近性决定人与人之间的吸引，这跟邻近性的研究结果是一致的。但到了后期，相互吸引发生了变化，态度和价值观越相似的人，相互间的吸引力越强。心理学家的进一步研究还发现，只要对方和自己的态度相似，哪怕在其他方面有缺陷，同样也会对自己产生很大吸引力。

> 丽丽和球球是大学同班同学，属于日久生情的那种。球球是院足球队的，对足球是相当热爱，看比赛、踢球，只要是能参与就一定参与。丽丽则不喜欢足球，跟其他女孩子一样，喜欢逛街、追剧。每次

两人在一起，球球就跟丽丽谈足球的事情，看着球球兴奋的样子，渐渐地引起了丽丽的好奇心。丽丽在球球的带动下，也对足球产生了兴趣。这下好了，两人在一起经常聊足球，共同的爱好让他们的关系越来越近。

相似性对人际吸引的影响不说自明，实在是太重要了。研究者在一项细化的研究中，把人格特质和观念上的相似，也就是情境中的表现形式分离开来，得出了不一样的结论。他们认为，我们被吸引的原因主要有：第一，这个人的观念与我们的观念相同；第二，这个人本身与我们自身相似。当这两个因素被分离之后，发现观念的相似是主要的影响吸引的因素，而自我的相似是次要的。另外一项研究也发现，观念的相似和自身的相似都是吸引的催化剂，但是观念相似的催化效果更明显一些；只有当自我相似的描述很接近于观念相似的时候，才会对吸引有催化作用，而观念的相似在任何情况下都适用。

（二）互补性原则

互补性指人们喜欢那些与自己个性品质相反的人。弗里德曼概括地说，相似性原则在喜欢中起重要作用，但有时候，当两个人的角色作用不同时，互补性原则起着重要作用。当双方在某些方面看起来互补时，彼此的喜欢也会增加。以下三种互补关系会增加吸引和喜欢：需要的互补；社会角色的互补；人格某些特征的互补。比如，内向与外向，男主外女主内，一个主动的支配型男性和一个被动的顺从型女性彼此间有吸引力。选择与自己个性品质相反的人可以起到互补的作用，相互满足需要。

在某些场合，由于双方的角色不同，人们的行为也就是互补的，而不是相似的。也就是说，当双方的需要以及对于对方的期望正好呈互补关系时，双方就会产生强烈的吸引力。看来互补性原则似乎与相似性原则是矛盾的，但从角色作用的观点看却是一致的。支配型男性和顺从型女性在对男女关系中男女角色的看法上是一致的，他们认为男性应起支配作用，女性应当顺从。

当双方的需要、角色及人格特征都呈互补关系时，所产生的吸引力是非常强大的。研究证明，互补性因素增进人际吸引往往发生在感情深厚的朋友交往中，特别是在异性朋友和夫妻之间。美国社会心理学家 A. 克克霍夫等人通过对已建立恋爱关系的大学生的研究发现，对短期的伴侣来说，推动吸引的动力主要是相似的价值观念，而驱使长期伴侣发展更密切关系的动力主要是需要的互补。在实际生活中也可发现，无论是一般的朋友之间，还是夫妻或恋人之间，在某些方面相似，在另外一些方面互补，简直是完美的。

（三）外貌吸引原则

外貌吸引原则告诉我们，人们一般喜欢外貌美的人。外貌美对于第一印象的形成尤其重要。尽管不同文化的人对美的标准的看法并不完全一致，但喜欢美的东西是一种自然倾向。尤其是在交往的初期，外貌美还可以产生一种晕轮效应，认为外貌美的人也具有其他优良品质，而实际上并不一定具有。美的东西是好的，好的东西也被认为是美的。一个具有高尚道德和才智的人，往往被认为外貌也是有吸引力的。体态、服饰、举止、风度等个人外在因素在人际情感中的作用也是很大的。另外，通过看照片或影像，抽象地评价某个人，与同该人实际接触相比往往产生不同的结果。

1972 年，柏斯切德和沃尔斯特做了一项研究。他们从大学年鉴上选出一些学生照片让被试看，要被试评价照片上的学生。有些照片很有魅力，有些一般，有些毫无魅力。结果表明，学生照片越是有魅力，就越被认为是有好的个性品质。但是当实际与本人面对面接触时，或者是当双方有了更多的交往时，这种光环作用或晕轮效应就会大大减小。

虽然人们能理智地认识到"人不可貌相，海水不可斗量""不可以貌取人"等，但在实际生活和交往中，人们往往还是难以摆脱外貌等所起的微妙作用。亚里士多德曾经说过，美丽比一张介绍信更具推荐力，由此可见一斑。

心理学家兰德和赛格尔曾做过一个实验。他们让实验组被试阅读附有作者照片的一些文章，文章的水平有高有低，作者有漂亮的，也有不漂亮的。另外让对照组的被试只看没附照片的同样文章，然后两组在阅读后做出评价。结果，同样的文章，因作者容貌的不同而得到了不同的评价：作者漂亮的文章得到的评价分数高，而作者不漂亮的文章得到的评价分数低。

西方学者的研究还指出，即使是"执法如山"的法官，在法庭上给罪犯判刑时，也难免受到晕轮效应的影响。赛格尔和奥斯特夫的研究证明，"法官"（实验被试）对罪犯判决的结果令人震惊不安：多次实验证明，对于同样的盗窃犯，外貌漂亮的平均判刑为 2.8 年，不漂亮的平均被判 5.2 年。不过对于诈骗犯、性犯罪者的判刑却不同，"法官"们似乎认为，越漂亮的诈骗犯、性犯罪者（多指女性），越应该重判。

综上所述，外貌等在人际交往过程中起了不可忽视的作用，但是研究也表明，随着交往时间的推移，双方了解的程度加深，外貌因素的作用也会越来越小，人际交往的吸引力将会从外在的容貌逐渐让位于人们内在的品质。

（四）多看原则

多看原则是指熟悉性会增加喜欢程度，也就是看的次数越多越喜欢。

这个效应在社会心理学中被称为曝光效应。熟悉不是影响喜欢的唯一变量。所接触对象的性质，也影响着人们喜欢的程度。帕尔曼与奥斯坎普选择三种类型的人的照片作为研究素材。第一类为正面人物，第二类为穿着运动服的中性人物，第三类则为反面人物。结果表明，熟悉增加了被试对于正面与中性对象的喜欢水平，但对于反面对象，却没有这种效应。还有研究表明，在积极或消极背景下观看，如在饮用好味道饮料或不好味道饮料的背景下观看，结果是一样的。但观看次数有一定限制，超过了一定次数会产生厌烦感。另外，观看次数的作用主要表现在积极的或中性的刺激性上，多看反面东西不会导致对它们的喜欢。

适度的熟悉可以明显增强人际吸引。1968 年，R. B. 扎永茨将 12 张陌生者的照片，随机分成为 6 组，每组 2 张，按以下方式出示给被试：第一组看 1 次，第二组看 2 次，第三组看 3 次，第四组看 10 次，第五组看 25 次。当被试看完全部 10 张照片以后，实验者将第六组照片与前五组照片混合给被试看，并要求他们按照喜欢程度给照片排出顺序。结果发现，照片被看的次数越多，排在最前面的机会也越大。但次数也有一定界限，超过一定界限会产生厌烦的感觉。米勒（F. Miller）的研究也证明了这一点。他把广告分别按中等次数和过量次数贴在大学生宿舍公共场所墙上。中等次数为每隔 15 米贴 1 张，共贴 30 张，贴 2 天。而过量次数为贴 170 张，贴 3 天以上。结果是，中等次数增加了对广告画内容的喜欢程度，过量的次数则减少了喜欢程度。

以上这些原则，在人际交往的原则一章中也有体现，可以看出，这些原则在人际交往、人际吸引中是至关重要的，为了更好地进行人际交往、发展人际关系，我们要多加重视。

三、影响人际吸引的因素

影响人际吸引的主要因素有三类：情境因素、个人特质因素、自我暴露（隐私信息）程度等。

（一）情境因素

情境因素包括人际间的交往频率、交往中的集群性和个体的体验性等。

（1）交往频率。交往频率是指人们互相接触的次数多少。一般说来，人们彼此之间交往频率越高，刺激对方的机会越多，"重复呈现"的次数越多，越容易形成较密切的关系。交往的频率越多，越容易形成共同的经验、共同的话题、共同的兴趣和共同的感觉。对素不相识的人来说，交往的频率在人际关系形成的初期起着重要的作用。

（2）集群性。交往中，交往者有结群的需要时，交往的机会便可大大增加，双方都表现出对交往的渴望、主动性和积极性，并且在交往过程中热情地应答对方，这就容易使人际关系显得轻松、愉快、和谐、融洽。

（3）个人的体验性。喜欢常常都是相互的，我们喜欢那些喜欢我们的人，以及能给我们带来愉快或惬意体验的人。如果一个人的存在能使别人感到快活、舒适，你就会喜欢这个人。凡是能给人们带来良好情绪感受的人，人们会与他形成喜好的关系；而那些使人们感到生气、焦虑、厌恶的交往对象，就会引起人们的反感；凡是给个体带来不良情绪感受的则会造成嫌恶的关系，甚至会中断关系。

如果他人的观点与我们的观点相似，我们会觉得得到了回报，因为我们假定他们也喜欢我们。而且，他人与我们持有共同的观点，会使得我们更加确信这些观点是正确的。我们尤其喜欢那些被我们成功说服，从而开始认同我们观点的人。

晓宁喜欢足球，每有球赛他必看。小章不怎么喜欢看球，但跟晓宁成为恋人后，也对足球产生了兴趣。别人问小章，是真喜欢足球吗？陪着看球累不累？小章回答刚开始不是很喜欢，但为了跟晓宁有共同语言，就学着看球。刚开始小章还有点不情愿，因为只是为了讨好晓宁。但看着看着，小章自己也喜欢上了，跟晓宁经常一起讨论足球，两人的关系变得非常好。但有意思的是，晓宁喜欢 A 球队，可是小章喜欢上了 B 球队，两人为此发生了不少冲突。最后，两人因为喜欢的球队不一样分手了。

（二）个人特质因素

1. 才华和能力

在其他条件都相同的情况下，比较聪明的人容易受到人们的喜欢。一个人越有能力，人们就越喜欢他。尽管外貌吸引力是一个显著而稳定的信息，但才华和能力最终很可能更重要。一个人在交际活动中拥有的资本、财富（如才华、能力等）越多，就越能产生吸引力。

一个人在能力才干方面比较突出、与众不同，其本身就是一种吸引力，使他人对之产生钦佩感并欣赏其才能，愿意与他交往，这就是为什么一般人都喜欢聪明能干的人，而不喜欢愚蠢无能的人。那么，是否人越聪明能干就越招人喜欢呢？结论是不一定。E. 阿伦森等人研究证实，一个极其聪明能干的人，会使人感到高不可攀、产生自卑感，令人敬而远之，从而降低了吸引力。如果一个英雄或伟人、名人偶然暴露些小缺点，或者遭受一些小挫折，反而会使人更喜欢接近他。据民意测验表明，拳王阿里在最后的卫冕战中被击败，其声望不但没有下降，反而更高，人们也更喜欢他了。因为他失败后，人们感到他并不是战无不胜的神，而是一个有血有肉的平常人，所以更亲近他。

但是，才能卓越却有些小缺陷的人对两种人缺乏吸引力。一种是能力差而自尊心低的人，他们对能力高超者有崇拜心理，并可能产生晕轮效应，即认为他应是十全十美的，不应该有不能克服的缺点，因此，当有小缺点的名人在自己心目中的形象打了折扣时，会滋生鄙夷之情。另一种是能力强、自尊心脆弱的人，他们对于才能出众却连一些小缺点也不能克服的人感到失望，认为这种人不值得崇拜。

2. 个性品质

个性品质是一个人的内在美，主要是指一个人的处事态度和行为模式，比如直率或拘谨、坦诚或虚伪、勇敢或懦弱、智勇双全或轻举妄动等等。个性品质是影响吸引力的最稳定因素，也是个体吸引力最重要的因素之一。在人际交往的初期，一个人的外表美往往具有较大的影响，但随着交往的加深，这种影响会逐渐减弱，而个性品质的影响则逐渐增强。我们经常说外表美是一时的，而心灵美是经久不衰的，实际上，这里的心灵美，有一部分内容乃是指人们的个性品质。

同外表美相比，优良的个性品质具有更持久的人际吸引力。国外心理学家列出555个描绘个性品质的词汇，然后让大学生们说出自己喜欢的品质，并表明喜欢的程度。结果发现：评价最高的是真诚，最低的是虚伪。据此，心理学家们进一步归结出妨碍人际吸引的个性品质为：对人虚伪、自私自利、不尊重人、报复心强、疑心重、对人苛刻、过分自卑、骄傲自满等。与此相反，热情却是个性品质中具有核心意义的人际吸引因素，还有慷慨大方、能干、和蔼可亲、受人爱戴等。

美国学者安德森（N. Anderson）研究了影响人际关系的人格品质，结果发现，排在最前面、受喜爱程度最高的六个人格品质是真诚、诚实、理解、忠诚、真实、可信，它们或多或少、直接或间接同真诚有关；排在最后、受喜爱程度最低的几个品质如说谎、假装、不老实等也都与真诚有关。除此之外，其他优良的个性品质还包括正直、热情、豁达、宽容、善良、机智、幽默、乐于助人等。这些品质具有无与伦比的吸引力，而且这种吸引力持久、稳定、深刻。为人虚伪、冷漠孤僻、不尊重他人、疑心病重、忌妒心强、固执专横、心胸狭窄等不良品格会严重妨碍良好的人际关系的建立。

我国社会心理学者也做过许多研究，发现大学生在选择朋友时，把个性品德的好坏列为首选。通过在大学生中进行大量的调查和访谈，研究者发现，得到别人的喜爱和接纳，或遭到别人的讨厌和排斥，都与一个人自身具有的一些品质、性格特征、行为习惯有关。另外也有研究发现，人们对人际吸引的需要依赖于他们的沟通需要的水平，比如拥有较高情绪依赖特质的人们，会希望与别人保持亲密关系，这可能是由于人们普遍存在的孤独感和隔离感，导致人们对信念确认和与他人保持联结的需要。

总体来说，国内外心理学的研究都发现真诚、诚实、热情、理解等是人际吸引的主要因素，这个结果有着很高的跨社会角色、跨文化的一致性。无论是男性还是女性，作为个性品质，最有吸引力的是真诚，最富排斥力的是虚伪。

小花来自一个小县城，到了大学，发现周围都是很漂亮的姑娘，难免心生自卑，正是这种自卑心理影响了小花的人际交往。但小花是个生性活泼、真诚热情的人。班级中，谁有困难她都乐于帮忙，可以说是有求必应。刚开始，大家对她也没什么感觉，但时间久了，都觉得她是值得信赖的人，是自己在遇到困难时可以求助的人，大家都愿意跟她交朋友。在一次班委选举中，大家的一致投票令小花以绝对优势当选了班长。小花对其他同学说，以前我有困难时，都是得到老师、同学的帮助，我特别感激他们。现在，我长大了，就想着如果身边的人有困难，我也要多帮忙，这样世界才温暖。

（三）自我暴露程度

所谓自我暴露就是我们常说的"敞开心扉"，即把有关自我的信息、自己内心的思想和情感暴露给对方。良好的人际关系是在交往双方的自我暴露逐渐增加的过程中发展起来的。

自我暴露可以增加他人对你的喜欢。自我暴露本身具有很强的象征性，它给对方一个强有力的信号：你对他相当信任，愿意有进一步的交往。而且，对他人的自我暴露可以引发他人做自我暴露，由此可以增进相互理解、相互信任。布里格斯认为，自我暴露对他人的益处包括：一是他们知道彼此的相似点与不同点在何处，还能了解相似与不同的程度；二是准确地向他人表露自我，是健康人格的体现；三是自我暴露增强了自我觉察的能力；四是分享体验帮助个体发现这不是他们唯一存在的问题；五是自我暴露可以从他人处获得反馈进而减少不必要的行为。

当然，自我暴露也必须注意分寸，过分的暴露会让人不舒服。一般来说，暴露的范围和深度是随着关系的发展而逐步增加的。对于不同的关系对象，在不同的发展阶段，自我暴露的广度和深度明显不同。在非常亲密的朋友中，自我暴露往往十分深入，达到所谓无话不说的地步。但是，需要注意的是，无论关系多么亲密，人们都可能存在不愿意暴露的领域，这就是所谓的"隐私"问题。只有隐私需求和沟通需求之间保持适度的平衡，人际关系才能正常发展。布里格斯还认为，自我暴露也存在风险，主要包括：最实质的风险包括来自不同目标人的攻击、嘲笑、拒绝与不关心等；个人暴露可能会受到听者的伤害；不适当的自我暴露，可能会引起他人的退缩或拒绝；对不适宜的人或在不适当的时间过分暴露的人，被认为是社会化不良的标志。

理想的自我暴露模式是对少数亲密的朋友做较多的自我暴露，而对于其他人做中等程度的暴露。自我暴露分为几种情况：

（1）回报与自我暴露。人际关系由低水平的自我暴露和低水平的信任开始。当一个人开始自我暴露时，这便是信任关系建立的标志。

（2）自我暴露的对等性。喜欢和自我暴露是紧密相连的，人们最喜欢那些和自我暴露有着相同水平的人。

（3）社会赞同和自我暴露。当自我暴露能获得对方或社会的赞同时，我们的自我暴露就会增多；当对方表示不置可否或冷淡时，我们的自我暴露就会显著减少。

（4）非语言行为和自我暴露。自我暴露并不一定只是语言方面的，比如，目光接触、行为动作等，也都可能无意间进行了自我暴露。

（5）自我暴露的速度。不同个体的自我暴露的速度有很大的差异，一些人在交往刚开始时就进行了很多的自我暴露，而另外一些人可能交往很深入了还没进行过多的自我暴露，更有甚者，没有进行过自我暴露，不过这种情况会很少。

自我暴露是亲密程度的指标之一，如果两个人之间没有一些私人的、相对秘密的信息，他们的关系就称不上亲密。

在关系的初期，自我暴露具有明显的相互作用。也就是说，如果对方暴露多自己也暴露多，如果对方暴露少自己也暴露少，倾向于彼此匹配的开放程度。这个时候，一次说太多太快，可能是比较危险的，会突破别人的期望，会引起对方的焦虑和防御，常常会留下糟糕的印象。最好是保持耐心，逐渐增加交往的亲密感。当关系稳定以后，持久的亲密关系取决于伴侣的应答性而不是相互作用。也就是说，人们希望感受到爱意和受人重视，所以，希望自己的自我暴露能得到明显的理解、关爱、支持和尊重。比如，我们向爱人暴露了一些隐私，我们并不需要对方回报相似的秘密，而是希望我们的真诚能够引起对方的同情、宽容和接纳。

萧峰和小鑫确定恋爱关系有一段时间了。有一天晚上，两人约会，微醺过后，两人进行了一次深入心灵的交流。小鑫讲述了她幼年时的一些经历，比如，她跟爷爷奶奶一起长大，但爷爷奶奶要忙农活，没人照顾她，她被一些坏孩子欺负等。被她的勇气鼓舞了，萧峰也鼓足勇气与她分享了一段他从未告诉过别人的事情。

在小学时，萧峰的个子很瘦小。有一次他跟小朋友在家附近玩，被小朋友欺负了，因为都是一个学校的，这些小朋友还把萧峰堵在厕所里欺负。萧峰没敢告诉老师和家长，这样的日子过了两三年，直到小学毕业才结束。但这些被霸凌的记忆，让萧峰非常痛苦，给他的人际交往造成了很糟糕的影响。他很害怕接近别人，也不敢与别人走得太近。

但那天晚上，在小鑫的陪伴下，他觉得足够安全，他愿意分享自己内心的苦楚，把这件事情告诉给小鑫。小鑫的认真倾听，支持的回应，让萧峰感觉特别温暖。这种感受萧峰从来没有过。这样的倾诉，让两人之间的关系变得亲密，比之前更加牢固。他们之间似乎有种默契，萧峰和小鑫再也没有提起过萧峰的往事，一切相安无事。

时间真快，半年过去了，他们比以前更喜欢对方，也更喜欢跟对方在一起。一天晚上在同学们的聚会上，小鑫跟大家玩真心话大冒险，同学让她说一个让小鑫震惊的事情，小鑫想了想，把萧峰的故事讲了出来。其他同学听了，觉得也很震惊，只有萧峰内心非常痛苦，因为那是他不想再回忆起的过去。

第二天，萧峰决定让小鑫知道他对前一天晚上的感受。萧峰觉得小鑫是一个很友善的人，她一定会理解自己是如何被她伤害了，并保证再也不这样做了。

但事实并非如此。小鑫没有萧峰期待的那种反应。她坚持说，她知道那件事情对他有影响，但并不知道影响这么大，没有任何嘲笑他的意思。那萧峰为什么这么久了还没放下这件事情呢？两次自我暴露为什么会有不同的结果？

不涉及伴侣信息的个人暴露会被认可，从而导致亲密感增强。但涉及对方信息的个人暴露则可能会触发对方的防御行为和不被认可，导致亲密关系被损害。

研究人员邀请了 82 对情侣到实验室，与他们进行一场坦诚的谈话。每个人都被要求向他们的伴侣透露一项个人信息，该信息可能涉及或不涉及该伴侣。情侣们会被随机分配到一种情况，为了帮助他们做好准备，每个人都有十分钟的时间来写下他们想与伴侣讨论的话题。之后，研究人员要求情侣中的每一位成员，基于伴侣在自我暴露的反应中增强或惩罚的程度，进行打分。

正如研究人员所料，当个人信息暴露中不包括伴侣时，对方的反应被认为是同情和增强的。相比之下，当个人信息暴露中包括了伴侣时，他们的反应被认为是缺乏同情心和惩罚性的。

当自我暴露涉及对方的时候，我们需要对对方的防御性反应做好心理准备，而不是因为对方的防御自己也给予防御性的回应，这样不利于亲密关系的修复。

四、提升个体人际吸引的方法

个体要想在人际交往中获得成功或者获取好的人际关系，还是要提升一下人际吸引的技巧。根据人际吸引的理论，介绍几个简单的小技巧，以提升个人的魅力。

（一）表达真诚

既然真诚、善良、热情等是最受欢迎的品质，如果想要更加有吸引力就要在个性品质上下功夫。真诚待人，表里一致，既不虚伪，又不故作姿态，因而能使人对其产生依赖感，并乐于与之交往。要做到真诚，自己要先放下防备，能够将真实的自己示人，不畏惧失败，不担心被评价。不过，这一点说起来容易，做起来难。还需要在交往过程中不断探索。

（二）提升自信

自信，在人际交往中，也是十分吸引人的品质。自信的人自带光芒，从容、淡定的状态让人心生羡慕，尤其是对那些没有自信的人来讲。自信的人犹如拥有强大的磁场，让人忍不住靠近。

自信是对自身品行和才干的自我肯定。

自信者一般性格开朗、乐观，能积极主动地与他人展开互动。由于他们从不因遭遇困难而退缩，他人与之交往往往会受到鼓舞与启迪。正因为如此，自信者的人际魅力比他人更大，与之交往能获得极大乐趣。不仅如此，他人还更愿意将机会给予自信力强者，因为自信是取得成功的重要保障。

怎么才能做到自信呢？每天不断对自己说，"我能行，我可以！"对自己进行积极的心理暗示，还有很多提升自信的方法，只要我们努力去做，一定会有效果。

（三）整齐的仪表

外貌或仪表虽然不是个性品质，但也属于人际吸引中的个人因素。正如首因效应中提到的，外貌或仪表在与人交往的初期，起到了一定作用。经常听人说，我是/不是外貌协会的，这就说明，还是有一部分人很在意对方的外貌。那你可能会说，外貌怎么提升呢？相貌是父母给的，没办法改变，但我们可以保持仪表的整洁、整齐，给人留下端庄大方的感受，即使外貌不是很出众，但也会给自己加分。在气质修养方面，可以努力提高，让自己成为一个有独特气质的人。还要确信一点，"路遥知马力，日久见人心"，外貌对对方的影响随着时间的推移，终将褪去耀眼的光环，相处的还是人心。

（四）提升素养

社会学家认为，个人能力强或有特长者易于增大其人际吸引度。因为能力强或有特长者既能有效地帮助他人，满足他人的需要，又能让他人产生钦佩感，使人乐意与之接近。因此，在社会交往过程中，青年要想强化自身的人际魅力，还必须增长自身的学识、才干，强化自身在各方面的能力。个体可以通过多读书、多学习扩大自身的知识面，完善自身的学习、工作技能，培养敏锐的洞察力和幽默感，多方面提升自己的综合素养。

（五）增加相似性

"物以类聚，人以群分"，就是相似律在人际交往中的具体体现。那如何增加相似性呢？首先，要发现相似，这就提示我们要多参加一些活动，比如打球、跑步、读书会、手工制作等活动，增加发现自己跟他人相似性的机会。其次，如果你想吸引他人的关注，那么也可以发展与他人一样的兴趣爱好。双方身上所具备的相似性因素和一致性因素会成为彼此相互吸引的条件。

（六）增加邻近

我们已经知道了邻近产生吸引，那么，如果你想提升他人对你的好印象，增加你的人际吸引力，就要减小与对方的距离。如果你正在经受异地恋，那应该尽量缩短异地恋的时间，两人尽快在一起。即使不能很快在一起，也要经常保持见面。有网友说，异地恋是靠一沓沓的车票维系的。

有句话说得好，"距离产生美""小别胜新婚"，说的都是不太远的距离和不太久的别离。太远的距离和太久的别离产生不了美，产生的只是距离和别离。

第八章

人际冲突的化解

我们跟自己都会有冲突，更不用说跟别人交往时会发生冲突了。发生冲突很正常，我们需要了解冲突的特点，以尽量减少冲突的发生。但冲突并非只具有破坏性，其实从另一个角度看，冲突也具有建设性。本章介绍了一些解决冲突的技巧，非常实用、容易掌握。

一、人际冲突

人际冲突是指两个或两个以上的相互关联的个体之间，由于信仰、观念、目标、利益、需求等方面的不一致或者在地位、情感、愿望等方面的差异而引发的相互排斥、抵触、不和谐，甚至争斗的现象；也指由于利益不均、观点不一、个性差异等引发的人际交往对象之间的紧张状态和对抗的过程。

人在社会中生活，必然产生人际交往，人际交往必然产生人际冲突。人际冲突无处不在，随时会有。可以说，只要有人群的地方，就必然存在人际冲突。冲突意味着互不相容，这种不相容既可能是公开的冲突或侵犯，也可能是潜在的排斥或敌对。一方的行为在影响对方的同时，也受到对方行为的影响。人际冲突不是静止的，是一种动态的、不断改变的过程。人际冲突往往会导致不愉快的心理感受，在冲突过程中，个体在意识到冲突之后，通常会感受到紧张、敌意、愤怒、攻击等负面情绪。

　　人际冲突分为破坏性冲突和建设性冲突。破坏性冲突是指由于双方的目标不一致而导致的非建设性的冲突，其特点是双方或一方只对自己的观点、利益、赢得胜利倾注关心；不愿意听取对方的意见和建议，不管有无合理之处，一概排斥和不予接受；由对问题的争论发展到人身攻击，行为上由不一致演变为有意争斗；相互交换意见的情况越来越少，甚至完全停止，冲突愈演愈烈。冲突的负面影响主要表现在：由于心存芥蒂，双方沟通不畅，情感产生隔阂，甚至相互诋毁，相互拆台，或者由于互不相让、恶意攻击导致双方关系破裂。建设性冲突是指冲突各方目标一致，实现目标的方式途径不一致而导致的冲突，其特点是：冲突双方都对实现目标积极热心；双方都愿意了解对方的观点、意见；为了共同目标，都围绕着焦点问题展开争论；相互交换意见的情况不断增加。建设性冲突的积极意义主要有：一方面，双方把隐藏的不满、误解公开表达出来，可以通过辩论而得以澄清、化解，从而消除隔阂，增进理解，加深关系；另一方面，双方把各自的看法及其理由讲出来，通过建设性的讨论，彼此激发新思想，最后找到解决问题的最优方案。

　　　　小红和小蓝是很要好的大学同学。两人有一个共同的目标就是要考研。考研是一个辛苦的过程。刚开始，两个人还能一起学习，但小红忍受不了长时间的学习辛苦，经常拉着小蓝去逛街、看剧等。一天，小红又提议去逛街，小蓝终于爆发了，直接跟小红发生了冲突，责怪小红不努力学习。小红也很委屈，觉得小蓝错怪了自己。

　　　　不久，两人就和好了。因为小红知道，小蓝是想让两个人多一些学习的时间，为共同的目标努力。

二、人际冲突的发展阶段

人际冲突的发展一般分为四个阶段,分别是潜伏期、爆发期、扩散期、解决期。

(1)潜伏期。当从内心感觉到要有冲突发生时,虽然尚未到爆发的那一刻,其实就已进入人际冲突的阶段。此阶段若加强对冲突的敏感性,就能预知或控制冲突的方向及程度,使其朝向建设性冲突的方向前进,进而减缓冲突的程度,使大家以较平和、理性的态度解决冲突。此阶段的策略可使用温和坚定与诚恳的态度处理事件、谈话中多用"我"字开头,少用"你"字开头等。

(2)爆发期。冲突爆发时,无论是口头或肢体的冲突,都会对双方造成伤害。此时,无效地处理冲突不如暂时不去处理。设法控制愤怒的情绪,让自己冷静下来,其实暂时"不处理冲突"就是最好的处理。学习接受无法接受的事情,不代表永远无法解决问题,我们需要一些时间冷静下来,并给自己时间思考问题或困境。

(3)扩散期。人际冲突一旦"爆发"后,双方都还沉浸在当时的冲突中,又或者余震不断,不要责备它、阻断它或否认它,静观它的变化。也许双方都有悔意,也许后面还有其他冲突。留一些时间,让彼此有个缓冲,看看对方的反应再做打算。无论是何种情况,时间对于冲突的双方来讲,都是一个缓冲。

(4)解决期。这包括双方均满意的"双赢"结果,也包括"不解决的解决",甚至结束一段令人伤痛的关系。总之,这是一个做抉择的时机，好让事情暂时告一个段落或有一个结束。所谓的"双赢"是"你好，我也好"，没有人吃亏。这是最理想的结局，但一般人很难放下身段，寻求对双方都有利的解决之道。"不解决的解决"，其实就是学习接受无法接受的事情，要做到接纳不容易，但它往往是解决问题的一个不错的方法。

世界上没有两片完全一样的叶子，也没有完全相同的两个人。与人交往，发生冲突在所难免。小红和小白是非常要好的朋友，上学时，无话不谈、形影不离。大学毕业后，她们成家立业，生子带娃，日子过得忙碌充实。娃渐渐长大，教育问题成了闺蜜间的主要话题。小红和小白的主要焦点在于是否要鸡娃，由于观念不一致，她们没少发生矛盾。虽然都是小矛盾，但小红和小白都觉得很受伤害，联系日渐减少，从无话不说到无话可说，一段让人羡慕的友情消失殆尽。你有过类似的经历吗？你是怎么处理的？

三、人际冲突的建设性作用

虽然人际冲突具有很强的破坏性，比如，冲突可能使当事人经历伤害、愤怒、挫折等消极情绪，会给双方的关系带来压力与紧张，冲突所引起的挫败感易使人产生报复的情绪等；但人际冲突也具有一定的建设性作用。

冲突能激发人的潜能，促进竞争。

人际冲突能宣泄愤怒和敌意，避免过度累积负面情绪而导致不可收拾、关系破裂的情况发生。

人际冲突能凸显双方的问题症结，促使双方努力寻求可能的解决途径。

人际冲突也可以增进个人对自我以及对他人的了解。

人际冲突对个体的社会化过程也具有独特的价值。

人际冲突有利于建立新的关系。

人际冲突可能使彼此产生新的思想、目标等，有益于双方的合作与发展。

四、解决冲突的步骤

冲突发生时，有效解决冲突有以下几个步骤。

第一步，澄清并界定问题。客观地了解冲突的原因，具体地描述冲突。了解双方冲突的焦点是什么？先学习"对焦"，倾听和了解双方对问题的看法，才知道该如何处理。

第二步，找出彼此的需求或愿望。知道问题的症结后，还要能够了解彼此的需求或愿望，才能找到令双方满意的解决方法。

第三步，评量可能的解决方法。相信一切冲突都可以理性而建设性地获得解决；冲突的双方可以讨论有哪些可能的解决方法——讨论其可行性与彼此的接受度。

第四步，达成共识。对提出的办法逐一进行评价，筛选出最佳的解决途径，最佳方法必须对双方都有益；将所有解决方法列出之后，讨论各个方法的优缺点，找到一个双方都同意的方法后，再加以施行。

第五步，评估实现最佳方案的实际效应。按照给双方带来最大利益和有利于良好人际关系维持的原则进行修正。

第六步，回顾与重新切磋。施行之后的结果有可能不如预期，此时双方便需要依这几个步骤重新磋商。

抱着合作的心态，参考上述冲突解决的六个步骤，就能很好地解决冲突。而我们只有面对冲突、接纳冲突、处理冲突、放下冲突，才能好的享受人际关系。

五、人际冲突的解决策略

在与人交往的过程中，我们难免会与人发生矛盾和冲突，这既是危机，也是挑战。我们在面对矛盾和冲突时，一定不能逃避问题，而是要积极地寻找解决问题的关键点，通过正确的解决途径让矛盾得到化解。能否妥善地解决矛盾，不仅关乎人际关系的好坏，还关乎处理问题的能力高低，要学会用正确的方式处理问题。

托马斯从关注自己和关注他人两个维度来确定个体究竟偏向哪一种处理冲突策略。他提出了解决冲突的五种策略，见图6。

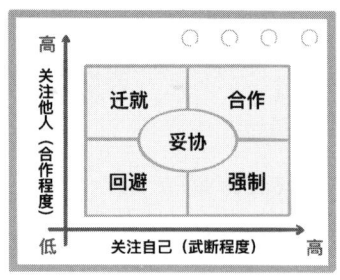

图6　托马斯的五种冲突处理策略

（1）回避方式，是指不武断和不合作的行为，就是既不满足自身利益也不满足对方的利益，试图不作处理，置身事外。个体运用这种方式来远离冲突、忽视争执，或者保持中立。不过分强调某一方的利益，或者说双方的利益都不考虑（两方都不牺牲），这样的方式会减少冲突，但往往会让事情搁置，也是为了等待更好的时机。

回避方式反映了个体对紧张和挫折的反感，而且可能包括让冲突随时间自己解决的决定。由于忽视重要的问题会使他人感到灰心，所以总是使用回避方式常导致他人的不良评价。这一方式可以由以下的表述来阐明：a. 如果有规则，引用规则；如果没有，让其他人自由做出他的决策。 b. 我通常不会说出会引起争议的观点。 c. 我会避开那些引起我与朋友们争论的问题。 d. 不管怎样，那些都不重要，我们不要画蛇添足了。

回避方式可以在这样的情境中使用：问题很小或者从长远的角度来看，事情不太重要，所以不值得个体耗费时间和精力去面对冲突；个体在当时没有足够的信息来有效地处理冲突；个体的权利对其他人而言太小以至于没有机会改变；其他人可以更加有效地解决冲突，先搁置，等待他人来解决。

（2）强制方式，指武断和不合作的行为，个体只考虑自身利益，认为自己的目标和利益是最重要的，为达到目标和满足自己的利益，不顾及别人。这一方式包括强制性权力和控制。为了让别人屈服，常使用武力或压制的方式，自己往往能够达成目标，但强迫倾向会导致他人的不良评价，常会引起对方的不满甚至憎恨。

强制方式可以由以下的描述来阐明：我喜欢直截了当，无论是否喜欢，按我说的去做，也许当其他人有了我的经验时，他们将记住这一点并给予更好的评价；我会使其他人确信我的主张的逻辑和好处；在争执中我坚持自己的见解；在争论开始后，我通常坚持自己对一个问题的解决方案。

强制倾向的个体认为冲突解决意味着非赢即输。在某些情境下，强制方式可能是必要的，包括： a. 紧急情况需要迅速的行动； b. 为了组织的长期有效和生存必须采取不受欢迎的行动； c. 个体需要采取行动来保护自我和阻止自己被利用的时候。

（3）迁就方式，指的是合作和不武断的行为，就是只考虑对方利益而牺牲自身利益，或屈从于对方意愿。为了维护双方的关系，不惜牺牲自己的利益来满足别人。迁就代表了一个不自私的行为、一个长期被他人所鼓励的合作策略，或者是对其他人愿望的服从。运用迁就方式的个体能够被他人给予积极评价，但是他们也会被认为是软弱和顺从的。代表自己时，自己吃亏可能没什么问题；但代表团队时，团队内部可能会出现不满的现象。

迁就方式的表现可以表述如下：通过暂停我的个人目标以保持与那些我所重视的人的良好关系，来使冲突得到最好的控制；如果可以使其他人高兴，我完全赞成；我喜欢通过使争议显得不那么重要来消除它；我通过建议我们的分歧是细小的以及将我的观点与其他人的结合在一起，以表示友好来缓和冲突。

当运用迁就方式时，个体会表现得好像冲突将最终消失，同时他也求助于合作。个体将通过安慰和支持来努力降低紧张和压力。这种方式表示出了对冲突的情感方面的关注，但却对冲突的实质问题没有什么兴趣。迁就方式仅仅导致个体掩饰或掩盖个人的情感。如果将它作为主要解决冲突的方式，则基本上是无效的。

迁就可以在这样的情境中使用：个体处于潜在的爆发性的情感冲突情境中，用掩饰来使情境变得安全；在短期内保持协调和避免分裂；冲突主要基于个体的人格且不能轻易消除时，从短期来看迁就方式会比较有效；

牺牲自己的利益，换取更大的利益。

（4）合作方式，是指强的合作和武断性的行为，就是尽可能满足双方利益，即寻求双赢局面。共同找出问题和解决方案，创造双赢局面，坦率澄清差异与分歧，以理服人，这样的结果能让双方都很满意。运用合作方式的个体想使共同的利益最大化。这种个体倾向于：a. 把冲突看作是自然的、有助益的，以及如果处理得当会带来一个更有创意的方案；b. 表示对他人的信任和对待他人诚信正直；c. 认识到当冲突的解决使所有人满意的话，则所有人也将对这个解决方案给予承诺。运用合作方式的个体通常被视为有能力的人，并会得到他人的积极评价。

对这种方式的描述如下：我首先努力克服任何存在于我们之间的不信任，接着我努力得到我们双方对这个项目的共同感情；我强调没有什么是不可改变的，同时建议我们找到一个可以进行尝试的方法；我告诉其他人我的想法，并积极主动地得知他们的观点，同时寻找一个对双方有益的方案；我喜欢提出新的并建立在已表达观点的基础上的方案；我努力深入研究一个问题，以找出对我们大家都有利的方案。

合作可以在这样的情境中使用：合作节约时间和精力；双方通过双赢的过程来解决争议并能实现互惠互利。合作方式最具建设性，冲突双方不仅考虑如何解决冲突，同时还考虑双方关系的维持，双方都愿意以公平、客观、开放的态度来对待彼此，这样就容易找到最佳的解决方案，从而实现双赢甚至多赢。

通过合作方式，冲突能够被公开地认识并被相关的个体所评价。分享、检查和评价冲突的原因，将发展出一个有效解决冲突并使所有相关的人都可以接受的解决方案。以下几种情况下，合作方式是最为有效的冲突解决方式：a. 当通过个体差异来开展工作，往往要消耗额外的时间和精力，但合作方式所需的相互依赖性证明了这些消耗是有意义的；

b. 当个体中有充分的权力均势，以至于他们感到可以坦率地相互影响，而无需顾及他们之间的正式上下级关系的时候； c. 特别是从长远来看，双方有通过双赢的过程来解决争议并能互利互惠的潜力的时候； d. 有充分的组织支持，以投入必要的时间和精力来用这种方式解决争端的时候。

采用合作方式解决矛盾冲突的人往往被认为是精干的，而且得到的评价比较高。人际冲突处理调查结果表明，采用合作方式的人或群体往往具有以下特点：是较成功的管理者；业绩出色的组织；能够充分利用冲突带来的积极影响；充分看到对方的长处，对自己的绩效及能力进行恰当的评价。

（5）妥协方式，指的是中等水平的合作和武断性行为，就是双方都有所让步，不争论，而是相互妥协，这样的方法能尽快达成共识。运用这种方式的个体进行平等交换并做出一系列的让步。妥协是一种被广泛使用和普遍接受的解决冲突的方式。

这种方式可以由下面的描述来予以说明：我想知道其他人的感受，时间适合时，我会解释自己感受并尽力告诉他们错在哪里；在适中的基础上解决问题是非常有必要的；在我自己的方法失败之后，我发现为我们大家寻找一个收益和损失的合理结合点是很有必要的；当他人想迁就我时，我会对他们做出让步；就像那句古老格言说的，有总比没有好，大家都折中一下。

妥协可以在这样的情境中使用：双方能够就让步达成一致，而这种一致能促进目标或利益的实现。

同他人妥协的个体将更可能被积极地评价。对于妥协方式的积极评价有很多解释，包括：a. 它基本上被视作一种合作性的退让； b. 它反映了一种实用主义的解决冲突的方法； c. 它有助于为未来保持良好的关系。

妥协方式之所以不能用在冲突解决过程的早期主要有以下几个原因。第一，相关的个体很可能在被宣称的争端上而不是实际的争端上妥协。冲突中提出的第一个争端往往不是真正的争端，所以过早地妥协将妨碍对真正争端的全面分析和探究。第二，接受一个最初的主张比寻找一个使所有相关的个体都满意的方案要简单得多。第三，当妥协不是可以得到的最好决策时，它对所有或部分的情境是不适合的，进一步的讨论会揭示一个解决冲突的更好的方法。

与合作方式相比，妥协方式没有使双方的满意最大化。妥协使每个人获得中等的、部分的满意。以下几种情况下，妥协方式可能是合适的： a. 一致使每个人的情况较好，或者至少不差于没有达成一致的情况； b. 达到一个全部的双赢协定完全不可能； c. 冲突的目标或对立的利益阻止了对一个人的提议达成一致的时候。

总之，当冲突较小，情绪过激、难以平静，或武断的行动所带来的潜在破坏会超过冲突解决后所获得的利益时，通常采取回避策略；当争论的问题对你不是很重要，或者你希望为以后的工作建立信心时，采取迁就策略；当需要采取不受欢迎的措施迅速解决重大问题，或他人的支持对你解决问题不十分重要时，采取强制策略；当冲突双方势均力敌，希望对复杂的问题取得暂时的解决方法时，或者时间紧迫需采取权宜之计时，采取妥协策略；当时间压力很小，各方均非常希望双赢的局面出现，或问题特别重要、不可妥协时，采取合作策略。

六、人际冲突的处理技巧

人际交往中，有了冲突，需要正视，看清楚人际冲突的本质，学会建设性地处理冲突，可以有效地减少人际关系恶化或破裂的发生。

（一）正视冲突

由于每个个体都有着不同于其他人的经历，有自己独特的情感、观点和利益，因此，人与人之间出现不一致或冲突是不可避免的。无论什么样的关系，也无论交往的双方关系有多么深刻、情感有多么融洽，都可能出现冲突。因此，我们在与任何人交往的过程中，都需要对可能出现的冲突有所准备。预期冲突是正确了解冲突，并建设性地处理冲突，避免在冲突中付出不必要的代价有效的途径。一般情况下，如果一个人在毫无准备的情况下被直接卷入冲突，那么，这个人要想在整个冲突过程中仍然保持冷静是十分困难的。人是很容易情绪化的，在过于激动的时候，思维会受到明显的干扰，很难保持对事情的正确判断。在激情之中做出对人际关系有害乃至伤害自己、伤害他人的行为的事也是经常发生的。

理解自身的冲突。我们应该先了解自己为什么愤怒，往往不仅仅是因为这件事本身，而是因为我们对事件的理解和认识导致了情绪的发生。所以，当我们与他人发生冲突之后，可以尝试去察觉自己内心这个感受，究竟为什么生气。比如，你将一个你认为的小秘密告诉了别人，这个人是你认为会为你保守秘密的好友。当你三番五次告诉他不要将秘密告诉别人，而他却把秘密告诉别人时，你很生气！你生气的原因可能并不是自己的秘密被另一个人知道,而是他没有在意你的嘱咐,或者说他没有在意这件事情的重要性,或者说他在内心深处没有尊重你跟他之间的关系。这是让我们最气愤的地方,也是发生冲突的原因。当我们理解了冲突的原因后,心态可能就会发生变化,情绪就稳定下来了,知道是哪个方向的问题了,也能够想到解决办法了。

(二) 学会共情

学会用共情的方式去体验别人的感受,为什么对方会有那样的言行。共情让我们站在对方的立场考虑问题,可以有效地帮助我们正确理解别人、减少错误的判断,也可以防止发生不恰当的行为或说出不恰当的话。对于已经发生了的冲突,如果处理得当,就事论事,往往不会给人际关系带来太大危害。关于共情,在下一章会有详细讲解。

(三) 尊重对方

每个人都拥有自己的个性特点,因此,我们要尽可能地理解别人的需要,尊重别人的兴趣、爱好,承认他人与自己的差异,不轻易贬低他人。比如,尊重别人的生活习惯,尊重别人的观点、观念,尊重别人的行为方式等,这些都有助于减少人际冲突的发生。

对事不对人。在发生冲突或争执时,将焦点放在事情本身上,客观分析冲突的起因与双方对错,不将冲突扩大化。人际冲突的起因大部分是一些生活琐事,而且双方都要承担一定的责任,也很难分清谁对谁错,所以如果将冲突的起因归于某人,双方就会相互攻击从而激化冲突,这种做法是一种本能的冲动,是比较原始的解决问题的办法。想真正解决问题,避免冲突,还是需要一些技巧的。

（四）共同目标

当自己与他人有共同的目标时，就可以缩短彼此之间的距离。可以从对方和自己的共同点入手，开启沟通或对话。共同目标就如同共同利益，双方可以通过相互商量达成一致，这种一致给双方相互陪伴、相互督促的感觉，能促进双方共同进步、共同努力去实现目标。这还能让双方暂时放下不一致，朝向一致。这样的关系虽然还会有冲突，但总体来说，是和谐的。共同点让双方没有距离，没有陌生感，能够迅速联结，很快熟络起来，不但可以使对方感到轻松，还能促进对方说出内心的真实想法。

（五）熟记对方的名字

记住对方的名字能给自己的沟通加分。记住双方的名字，他会认为你很重视他。当一个人被重视时，也将回馈同样的感受，所以，熟记对方的名字有助于沟通的顺利进行。会话中多次提到对方的名字，可以增进彼此间的好感、亲近感、亲密感，很快地消除彼此间的陌生感，在短时间内建立友好关系。常用"我们"可以拉近彼此间的距离，可以让人产生"我们是一起的"意识。自我意识太强会给人留下不舒服的印象，影响人际交往。要善于用"我们"来制造彼此间的共同意识，以此来促进我们的人际关系。

（六）不要吝啬你的赞美和夸奖

赞美和夸奖要真诚，要让对方感受到自己的真心实意，而不是过分夸大，让对方觉得自己虚假或虚伪。赞美和夸奖要具体，与其说"你真棒"，不如说"你的能力真强，这么难的工作都能做好"，也就是从细节入手，可以具体到一个方面或一个点，而不是很空泛地说"你真棒"。赞美和夸奖是对他人的认可和肯定，我们每个人都需要来自他人的认可和肯定。尤其是在我们很小的时候，父母的认可和肯定是我们坚持的动力，我们足够努力就是为了得到真实父母或内在父母的认可和肯定，这也许是我们终其一生寻求的精神支持。

（七）明确问题和未被满足的需要

当我们想要通过沟通解决冲突之前，最重要的是我们必须了解到问题所引起的冲突是属于我们自己的，我们自己才是那个不满意的人。比如，晚上隔壁宿舍的同学太吵了，让我们无法休息，在这件事情中我们是那个被隔壁宿舍吵到无法睡眠的人，而他们可能并没有意识到这有什么问题；确实了解到这是自己的问题之后，以描述的方式向对方说明，而不是用情绪性或评价性的方式行动。这样不仅能更清晰简单地处理问题，而且可以减少对方采取防御反应的可能。弄清楚我们没被满足的需求是什么，比如在刚刚的例子中，我们的需求是获得不被打断的睡眠或者安静的环境。这样有目的的谈话便不会被糟糕的情绪所影响。

其实，很多人际冲突的根本原因在于我们有了感受和需求却不直接表达，想当然地认为别人应该知道自己的感受和需求，但对方又不能理解、接受和满足自己的需求，于是就回避或发动攻击，沉默或不合作，讲道理、挑剔或指责，甚至辱骂或攻击别人。别人的反应往往也是因为这个，认为自己知道或应该知道他的感受和需求，只是自己不在乎或者有意在伤害他。

我们需要做的很简单，就是直接表达自己的感受和需求，比如，直接告诉对方，自己感到不开心，需要他的关心；认真倾听对方的表达，并向对方反馈自己的理解，如果对方感觉自己理解的有偏差或不到位，也会做出纠正和补充；先别急着解决问题，先学会沟通，沟通顺畅了，有了相互的理解和接纳，问题也就不存在了。

（八）选择恰当时间

　　破坏性的争吵经常发生在其中一方还没有准备好就被拖入了对抗中的时候。有时人们的心理状态并没有准备好要去面对冲突，也许是思维没到位、身体太劳累、行程太匆忙等。因此，当你试着要求和对方一起解决问题时，应选择恰当的时间，询问对方"有些事情困扰着我，我们可以谈谈吗？"假如对方说"可以"，就继续；假如对方没有准备好，那当下就不是切入问题的适当时机，可以再协商一个双方都满意的、能够好好交流的时间。比如，你写完论文，交给导师指导，但导师批评说，研究的思路不对，创新薄弱，你可能想跟导师解释一下。当你进入导师办公室时，看到导师并没忙其他的事情，就想跟导师讨论一下，还没等你开口，导师说，要去上课了。这时，你要意识到，当下的时机不是好时机，因为导师马上要去上课，仅有的一点时间不能充分指导你的论文，所以，你需要换个时间再进行。

（九）尽量避免争论

　　人际沟通中，争论是很正常的事，但争论往往都以不愉快的结果而告终。事实证明，无论谁赢谁输，双方都会很不舒服。赢者当时可能获得了一种心理满足，但很快会被人际关系恶化的阴影所笼罩，一时的心理满足会变得烟消云散。输者的心理挫折感会很强烈，往往会演化为人身攻击，这对于人际关系是非常有害的，看似有赢有输，但实际上，争论的结果往往是两败俱伤。如果争论不可避免，那么在争论中，不要直接批评、责怪和抱怨他人。直接批评、责怪和抱怨他人，会使他人的自尊心和自我价值感受损，尤其是一时面子上感到难堪。有时候只要稍稍改变一下方法，变直接批评、责怪和抱怨为间接的暗示和提醒，对方就能接受，效果也会更好。避免冲突，还要采取一些除语言沟通之外的技巧。与他人见面时，面对面地坐着谈话难免会紧张，如果坐到对方的旁边去，在心理上会有种并肩的感觉，彼此都会比较轻松，也更容易进入状态。与对方呈90°角的坐位是最好的，这样坐可以巧妙地避开与对方直视，可以用余光看对方，从而避免尴尬。

（十）相信一切冲突都可以建设性地解决

我们每个人可能都有过这样的感受：自己说的话别人理解不了，或者被理解成了其他意思，同时别人也会感觉没有被我们所理解和接受。或许在某些时候，我们表达了一个意思，他人有了情绪反应，这个情绪反应并不是因为我们的表达本身，而是因为他从我们的表达中所做出的理解和联想，由此引发了人际交往中的矛盾和冲突。客观地了解冲突的原因，提出可能的解决冲突的办法，对提出的办法逐一进行评估，筛选出最佳的解决途径，找到必须对双方都有益的最佳方法，然后尝试使用选择出的最佳方法，并按照给双方带来最大利益和有利于良好人际关系维持的原则给予修正。相信相信的力量，只要双方都想要建设性地解决问题，那问题一定能够被建设性地解决。

沟通是营造温馨、和谐、优质人际关系的不二法则，良好、有效的沟通可以减少人际冲突，达成"共好"的目标。最好的沟通在于吻合人性的需要和规律，促进彼此的提升和成长。

七、提升亲密关系的小技巧

积极心理学之父塞利格曼在 PERMA 幸福理论中提到，使人持续幸福的成分有积极情绪、投入、人际关系、意义与成就。其中，美好的人际关系是提升我们持续幸福感的一个重要因素。在生活中，我们不可避免地要与他人接触，为了拥有和谐、幸福的生活，必须处理好自己与周围人的关系。通常，如果一件不好的事情发生，需要用三件好事弥补。当然，一般的人际关系按照上文的方法就能化解冲突，但是在亲密关系中，还需要更进一步的努力，因为不仅需化解冲突，还要增加亲密感。

在《爱的五种语言》这本书中提到，五种语言会增进彼此的亲密，这五种语言是：肯定的言辞、精心的时刻、接受礼物、服务的行动、身体的接触。

（1）肯定的言辞。肯定的言辞，是一种爱的语言。如果能给他人一些鼓励赞美的言语，往往能激发出对方大大的潜力。多给他人肯定的言语，多包容、支持。爱需要赞美、需要安慰，更需要甜言蜜语。语言是表达情感最有效的工具，或是怨恨，或是爱，都会通过语言来传递。绝大部分误解、争吵，都是因为言语的问题而产生的。积极的、正面的、赞赏和鼓励的话，对人都是有益的。不要吝惜自己对他人的肯定和认可，就像你也很需要他人的肯定和认可一样。"良言一句三冬暖"，赞扬激励的话，可以让人心情愉快，更能激励他人心甘情愿、全力以赴地去做事情，肯定的言辞就有这么大的力量。

（2）精心的时刻。陪伴是最长情的告白，时间的付出其实也是一种情感的付出。精心的时刻是给予对方全部的注意，可以是两人的烛光晚餐，是手拉手地漫步沙滩，是全神贯注地交谈沟通。最重要的是让对方感受到你专注于他。给予全部的注意力，聊天、谈话就是最常见的精心时刻。这主要包
括听和说两个部分。首先是听，目光接触，保持注意力；不要边聊边做别的事；留意你听出的言外之意，并去确认；观察肢体语言，紧握的拳头、颤抖的双手、眼泪、皱眉、眼睛的转动都给我们带来一些提示；不要打断，打断别人显得特别不礼貌。其次是说，要将自己想分享的事情分享出来，并表达你的感受，这也是一个自我表达和梳理的过程。精心安排的活动可以增加彼此美好的记忆，做两个人都喜欢做的事情，共享当下，共享时光，比如散步、运动、逛公园等都可以。彼此知道做这件事情的目的，是为了在一起，很享受地在一起就是爱的证明。

（3）接受礼物。爱的本质就是一种精神给予，礼物是我们表达和传递爱的媒介，是爱的视觉象征。给予礼物有一种仪式感。礼物不分贵贱，也不必非买不可，一张精心制作的卡片、一朵户外摘来的小花、一首动听优美的歌曲、一幅用心绘制的画作，都可以作为礼物送给爱人。然而，也可以精选一件礼物，这件礼物可能是对方期许已久的礼物，可以在特殊的时间、特殊

的场合，送给他。收到礼物的人，会感觉到被想念、被关注、被爱。有时，我们不好意思收别人准备的礼物，其实可以收下，然后再用其他的方式反馈回去，这样不仅接受了别人的好意，而且也给自己和他人的下次交往埋下了伏笔。相反，不走心的礼物、忘记一些重要节假日或纪念日，都会让对方感觉到自己被忽略了、不再被爱了。

（4）服务的行动。亲密不仅需要甜言蜜语，更需要落实到行动中。可以是劳累时的按摩，可以是饭后的洗碗，也可以是工作上的帮助等。用行动表示爱——做对方想你为他做的事，表明你的爱。但需要注意的是，当我们接受了他人的服务时，自己也应该在恰当的时候付出自己的行动，人与人的付出和回报一定是相互的，这样才能让服务的行为持续下去。正如我们前面提到的，只付出，没回报，付出的人就会减少付出，关系很难维系，更不用说亲密关系了。有没有特例？比如，照顾病人，对于患重病的人，可能在行动上很难回报，但情感上，对方是能给予回报的，这个人一定是你认为很重要的人。

（5）身体的接触。身体的接触是亲密关系的表现与升华。身体上的接触可以给人带来放松、愉悦感。我们平日对于用肢体语言表达爱会感觉到羞涩，尤其在外人面前。但日常生活中偶尔的肢体接触，如拍拍肩膀、牵牵手、拥抱一下、摸摸头部、后背按摩等，都体现着自己对对方的关心和爱。相应地，缺乏肢体接触，会让我们感觉到两人的疏离、疏远。

虽然《爱的五种语言》主要是讲述如何给爱情保鲜，但这些方法用在改善其他的人际关系方面也是非常有用的，但是要注意边界问题。

处理冲突的倾向调查表

请评估一下自己在下列各种情况中所得的分数（1~5分）。其中1代表"一点也不"；2代表"有一点"；3代表"中等状况"；4代表"比较多"；5代表"非常多"。

甲

(1) 你常常为了维持双方的和谐，而让步。

(2) 在协调中，你的看法及权益常常被忽略。

(3) 在协调中，你的需求常未被满足。

(4) 你常常说抱歉及委屈自己。

如果你的平均分数在4分以上，这表示在面对冲突时，你的倾向是退缩。

乙

(1) 觉得只有争取，你才会被公平对待。

(2) 你常采取的态度是不妥协、不低头，因为低姿态是会被欺侮的。

(3) 你很难对人说"对不起"。

(4) 觉得自己要奋力来保护自己的权益。

如果你的平均分数在4分以上，这表示你在处理冲突时，你的倾向是争取，具有强势性。

丙

(1) 只要解决问题，差不多就行了，不要太计较。

(2) 较难提出自己的需要，不能得到全部的满足。

(3) 协调完之后，内心常常不觉得满意，但是又不愿意再惹是生非。

(4) 觉得自己不值得得到相应的全部权益，常有对不起他人的感受。

如果你的平均分数是4分以上，这表示你在处理冲突时，你的倾向是息事宁人。

丁

(1) 要了解分歧与问题发生的原因。

(2) 要了解彼此的立场，看事情的角度及冲突的整个状况。

(3) 除了表达自己的感受之外，也要了解对方的感受。

(4) 与对方和平地共同探讨解决分歧与问题的方法。

(5) 要使双方都能达到满意。

如果你的平均分数在4分以上，这表示你在处理冲突时，是有面对及解决问题的倾向，你能够从容应对现实生活中出现的一些冲突；如果你的平均分数在4分以下，说明你在处理冲突的时候有回避问题的倾向，你对生活中人际冲突的解决有些力不从心。

平息人际冲突能力测验

从下列各项中选出适合自己的一项。

(1) 你正埋头做一件急事时，你的一个朋友上门来找你倾诉苦闷，你的做法是：

A. 放下手中的工作，耐心倾听

B. 显得很不耐烦

C. 似听非听，思维还在自己的事情上

D. 向他解释，同他另约时间

(2) 你的朋友向你借新买的录音机，你自己还没有好好用过，你的做法是：

A. 借给他，但牢骚满腹

B. 脸色很难看，使你的朋友不得不改变主意

C. 骗他说你已经借给了别人

D. 告诉他你想先用一个时期，然后再借给他

（3）在公共汽车上，你无意踩了别人脚，别人对你骂个没完，你的做法是：

A. 听其自然，充耳不闻

B. 同他对骂，打架也在所不惜

C. 推说别人挤了我才踩到你脚的

D. 请他原谅，同时提醒他骂人是不妥的

（4）影院不准高声喧哗，但你的邻座却旁若无人地讲话，你感到厌烦，你的做法是：

A. 很反感，希望有人向讲话者提醒注意

B. 大声指责他们"没修养"

C. 请服务员来干涉，或自言自语地对讲话者旁敲侧击地进行指责

D. 很有礼貌地提醒对方不要影响别人

（5）休息日你忙了一整天，把房间全部打扫干净，你爱人下班后却指责你没有及时做饭，你的做法是：

A. 心里很气，但仍勉强去做饭

B. 大发雷霆，骂爱人自私，要爱人自己去做饭

C. 索性当晚不吃饭

D. 向爱人解释，然后请爱人一同出去"改善"一顿

（6）某一天你家里有急事，领导不了解情况，要你加班，你的做法是：

A. 同意加班但心中暗自埋怨

B. 拒绝加班，不做解释

C. 借口身体不爽，不能加班

D. 同领导商量由于有急事能否不加班，但若工作的确重要，就仍服从领导安排

（7）你辛苦了好长时间，自己觉得某项工作做得颇为出色，但上司却很不满意，你的做法是：

A. 不耐烦地听上司指点，心中充满委屈但默不作声

B. 拂袖而去，认为自己受到的对待不公平

C. 寻找各种借口开脱自己

D. 诚恳地注意自己做得不够的地方，以便今后改善和提高

（8）别人做了一件很对不住你的事，却又试图掩盖，知道事情真相后，你的做法是：

A. 不客气地告诉对方自己已经知道了一切

B. 与对方大吵大闹，威胁报复

C. 将事情埋在心底，装作什么也不知道

D. 诚恳地告诉对方事情对自己造成的苦恼，并表明双方以后仍可真诚相处

以上题目选A项记2分；选B项记1分；选C项记3分；选D项记4分。得分越高，表明平息人际冲突的能力越高，处理人际冲突的方式越有建设性。得分越低，意味着处理人际冲突的方式越情绪化，越容易使事情变得更糟，也使得自己付出更大的代价。每道题目的D项是最有建设性的处理人际冲突的方式，也是最理性、从长远看最有利的处理方式。这类方式是值得提倡的。每道题目的B项是对人际关系最具有破坏性的做法，这些处理方式不但对冲突的解决无益，也使得自己失去更多东西。

第九章

人际沟通的技巧

第九章　人际沟通的技巧

沟通在人际交往中是非常重要的，可以说，没有沟通就没有人际交往。本章介绍了以人为中心的人际沟通技巧和萨提亚模式的沟通技巧。首先，从具体方法上给出了明确的建议；其次，在沟通模式上总结出了5种模型，其中4种是不提倡的，1种是提倡的，虽很难做到，但也给我们的成长开创了空间，可以通过努力去实现。

一、以人为中心的沟通技巧

（一）倾听

1. 倾听的含义

倾听是指凭助听觉器官接收言语信息，进而通过思维活动达到认知、理解的全过程。但倾听不是简单地用耳朵来听，它也是一门艺术。不仅需要用耳朵来听说话者的言辞，还需要全身心地去感受对方在谈话过程中表达的言语信息和非言语信息。倾听的主体是听者，而倾诉的主体是诉说者，两者一唱一和有排解矛盾或者宣泄感情等优点。人际交往是一个双向互动的过程，是包括听觉、视觉、情感、记忆、思维、评价、创造等活动的动态实践过程。而在这个过程中听占了45%，说占了30%，听和说构成了沟通过程中双方的主要行为，可以看出，倾听在人际沟通中的重要性。

倾听是人们建立和保持关系的一项最基本的沟通技巧，是个体所应具备的非常重要的素质，也被越来越多的人看作成功的必要条件。卡耐基认为，在沟通的各项能力中，最重要的莫过于倾听的能力。英国管理学家威尔德说，人际沟通始于聆听，终于回答。没有积极的倾听，就没有有效的沟通。学会倾听已成为一种能力，也被奉为一种追求。滔滔不绝的辩论能力、察言观色的洞察力以及擅长写作的能力都没有倾听能力重要。

倾听是我们获取更多信息、正确认识他人的重要途径，是人际关系的基础。古人云"听君一席话，胜读十年书"。如果一个人总是说，总是在输出，学到的东西会很有限。相反，如果善于倾听，乐意倾听别人，就会学到很多东西，发现许多新思路与解决问题的新方法。

倾听是一种礼貌，是尊重对方的表现。倾听能让你了解你的沟通对象想要什么，什么能够让他们感到满足，什么会伤害或激怒他们。有时，即使你不能及时提供对方所需要的，只要你乐于倾听、不伤害或激怒他们，也能实现无障碍地沟通、创造性地解决问题。被尊重就会有进一步沟通的愿望，不被尊重就丧失了进一步沟通的基础。

日常生活中，我们之所以觉得听不懂或听不全，主要是没有集中精力、不够用心或者说不专注。我们总是一边听，一边想着自己的事情。现在更是有过之而无不及，听不了一会儿，就会拿起手机处理自己的事情了。不专注，会非常影响倾听的效果，也非常影响说话人的感受。误会常常与没有认真倾听有关。只有用心倾听，我们才能获得对方所要表达的完整信息，也才能让对方感受到我们的理解与尊重。用心倾听向对方表达的是："我关心你的遭遇，对我来说，你是重要的，你的生活和经历是重要的。"倾听作为沟通技巧中最重要的因素，似乎又是最容易被人们忽视的因素。

除了不专注会影响倾听效果外，我们每个人的成长背景和经历也会影响我们听到了什么。听懂对方说什么是不容易的。对方说什么，我们接收到什么，我们又是怎么样进行了内部的加工，然后又反馈给对方，这时，对方又接收到了什么，这样一系列的过程，看似简短，实际上走了很长的一段路。倾听，看上去简单，主要是因为，这是一个不需要学习的过程；倾听又很困难，这是因为倾听夹杂着太多个体的投射，每个人都是带着自己的成长背景进行倾听的，你接收到的也许与对方想要表达的相差甚远。

倾听是对对方被倾听这一需求的满足，倾听即意味着对对方的接受以及对其存在的认同，故而会赢得对方的信任，使其对你敞开心扉。心理学家马斯洛提出著名的需要层次理论，分别是生理需要、安全需要、归属和爱的需要、尊重需要、自我实现需要。被倾听，可以满足人的归属和爱的需要及尊重需要。

那如何做才使双方都愉悦呢？想让对话双方彼此都感到轻松愉快，互相增进理解，在倾听时要注意对方的语言、表情、态度、措辞，切身体会对方想要表达的感受。

用共情法去倾听时，对方的孤独感会得到宽慰，压力也会缓解，如果你的话语能让对方感受到被陪伴的温暖，对方便会一吐为快，此时对方会感到放松，也会帮助对方加深对他自己内心的理解，在这种关系下，你们更容易建立起相互的信任。

倾听中非言语信息比言语信息更重要。细心了解对方的非言语行为，关心与重视对方的遭遇，愿意陪伴对方，设身处地地为对方着想，这样的倾听是最好的倾听。倾听中要注意身体的信息，首先要保持面对对方；其次身体姿势是开放的，要稍微前倾，要放松，不能紧绷。自己在沟通中无意间做出的动作，可能会不知不觉地告诉对方一些信息。举例来说：

（1）视线与对方的视线不相交，而是看向桌子、窗外、天花板或者侧方；（2）手臂交叉于胸前，面向侧方或是瘫坐在座位上；（3）行为动作旁若无人，比如看向地板、书本、翻弄笔记本等，表情恍惚出神，回应对方时言辞含混；（4）打断对方发言，试图岔开话题，或者开始自说自话。

非言语信息中，观察对方的微表情很重要。微表情是一种瞬间的表情，可以透露很多信息。比如，提高右边的眉毛，可能是听者对说者的话产生疑问，或者对自己过去做的事情有疑问；眉毛向上拉紧，说明这个人内心很恐惧；注视眼睛，说明这个人很可能在说谎，之所以看着你的眼睛是为了看看自己的把戏，是否能够得逞，或被你识破，所以当一个人在说话时一直注视你的眼睛，那你就要注意了；如果突然一方中断了眼神交流，并不代表这个人在撒谎，很可能是他在回忆某一件事情；眼睛向左看或者向右看，同样能够显示出他内心的想法，眼睛向左看的人大多是在回忆，而眼睛向右看的人则更多的是在思考或者说谎；瞳孔变大，说明当事人很恐惧；鼻孔外翻，嘴唇紧闭，说明这个人正在生气；嘴唇向左边翘起，说明这个人正在假笑；抿嘴，说明他内心正在做选择或者煎熬；抬起下巴，说明当前的话题，对这个人来说十分尴尬，应该赶紧切换话题。

非言语信息可能会透露你的一切，当然你也可以通过非言语信息了解他人的一切。

2. 倾听的技巧

倾听是情感连接和疗愈创伤的有力工具，听别人讲话比自己说话要难上百倍，倾听需要格外的专注，运用一些技巧也是十分必要的。

（1）注意的技巧

我们在倾听别人说话时，必须保持放松的身体姿态，并伴以恰当的肢体动作，对对方的讲话做出积极的反应。比如，注视对方，与对方进行目光交流，适当点头或做一些手势。一个良好的听者还必须尽量排除周围环境的干扰，这个环境包括客观环境和主观阻碍。客观环境如噪声和嘈杂的环境，说者使用方言或夹杂外语表达，说者表达时的音调和态度；听者身体状态不佳和对说话内容缺乏基本了解；等等。主观阻碍来自听者的先入为主或固执己见、没有参与感等。最重要的还是听者愿意用心倾听，用心思考、感受对方传达的信息，这更能显示听者的专注程度。

（2）追随的技巧

追随最主要的目的是让说者以自己的方式，表达内心的想法感受，使听者能够更加了解说者如何看待自己所处的情境。

A. 适当鼓励。在倾听过程中，使用深感兴趣的、真诚的、高昂的声调会使人自信十足；恰当的肢体语言，如用手托着下巴等，也会显示出听者的态度诚恳，能让说者感受到听者的支持和信任；用一些简单的反应，如恰当的微笑、赞许的表情、积极的目光或伴以"嗯""对""是""哦"等词语，促使说者说下去，向说者表明你在认真倾听；也可以用皱眉、不惑等表情给说者提供准确的反馈信息，以利于说者及时调整。

B. 偶尔插话。除了适当鼓励外，听者以开放的方式询问所听到的事，成为谈话的主动参与者，也会增进彼此间的交流和理解。可以说，提问既是对说者的鼓励，即表明你在认真倾听，又是控制和引导谈话的重要方法。偶尔说"嗯""我了解"或"是这样吗"告诉对方你在听，你还是感兴趣的。但需要注意的是，提问必须适时和适度，不要一次性询问过多的问题，一次最好问一个，否则会造成对方思考的困扰或中断。而且问题必须是开放性的，如"有什么""怎么样"等，而不是"对不对""是不是"。

C. 恰到好处的沉默。沉默是听者必须学习的技巧。在倾听的过程中，忘掉自己的立场、身份、见地等，保持沉默，让对方把话说完。沉默不代表没认真听，而是在表达正在讨论的这个话题可能需要思考、话题沉重、自己没有想好如何回应等，但长时间的沉默可能会使说者失去了继续交流的愿望。

D. 引导别人多说。在出现精辟的见解、有意义的陈述，或有价值的信息时，要以诚心的赞美来夸奖说话的人。例如："这个故事真棒！"或"这个想法真好！""您的意见很有见地"等。因此，如果有人做了你欣赏的事情，你应该赞美、夸奖他。仅仅是良好的回应就可以激发很多有用且有意义的交流。

E. 倾听是一种主动的过程。在倾听时要保持心理高度的警觉性，随时注意对方谈话的重点，要能站在对方的立场，仔细地倾听。每个人都有自己的立场及价值观，因此，你一定要站在对方的立场，仔细地倾听对方所说的每一句话，不要用自己的价值观去指责或评断对方的想法，要与对方保持一致的态度。

F. 专心、全神贯注，则表示赞成。告别心不在焉的举动与表现，专注即尊重。可以通过练习，培养自己专注的能力。点头或者微笑就可以表示赞同说者正在说的内容，表明你与说者意见一致。人们需要有这种感觉，即你在专心地听着。可以把用来信手涂鸦或随手把玩等容易使人分心的东西如铅笔、钥匙串、手机等放在一边，你就可以专注于倾听了。人们总是把乱写乱画、胡乱摆弄纸张、东张西望或看手表等解释为心不在焉，这些细小的行为，总是在向对方传达自己的不专注，事情虽小，但应该引起我们的重视和注意。

G. 引导对方先开口。首先，倾听别人说话本身就是一种礼貌，愿意听会让说者觉得我们很尊重他的意见，有助于我们建立融洽的关系，彼此接纳。其次，鼓励对方先开口，可以降低谈话中的竞争意味。开放的气

氛，有助于彼此交换意见。说者由于不必担心竞争的压力，也可以专心掌握重点，不必忙着为自己的矛盾之处寻找遁词。最后，对方先提出他的看法，你就有机会在表达自己的意见之前，掌握双方意见一致之处。倾听可以使对方更加愿意接纳你的意见，让你在说话的时候，更容易说服对方。

（3）反应的技巧

如何告诉对方我们在听呢？可以使用点头、附和与复述策略。点头指在听对方说话的同时，微微快速向前点头。附和指的是，发出"是啊""没错"之类回应对方的声音。如果点头和附和不够明显，对方就会逐渐失去交谈的兴趣。一般的附和有"对""好""这样啊"；同意对方意见的附和有"你说的是""我也这么认为""我跟你一样"；听到了新的信息的附和有"原来是这样""这我还真不知道""我也才听说"；对话题产生兴趣的附和有"这可真有意思""这真是难以置信""厉害厉害"等。

复述指用自己的话来重新表达说者所说的内容。有效的听者常常使用这样的语言："我听你说的是……""你是不是这个意思""就像你刚才所说"等。复述对方说过的话既表示认真理解了对方所说，又能够总结出对方的观点，并说出自己的想法。这样，听者不仅能够赢得说者的信任，而且能够找到共同语言，从而拉近彼此之间的距离。

当我们和他人谈话的时候，通常可以在几秒钟的时间，在心里回顾一下对方的话，整理出其中的重点。我们可以先删去无关紧要的细节，把注意力集中在对方想说的重点和对方主要的想法上，并且在心中熟记这些重点和想法，在适当的情形下给对方以清晰的反馈。简言之，先行总结，整理重点，并明确提出自己的结论。

复述的作用有： a. 简述语义。听者将自己听到的问题、对方说话的内容，以自己的方式，简洁地重复出来，以确定自己接收和理解的意思正是对方所欲传达的主要意思。当我们复述他人的意思时，用字必须尽量精简,避免使用冗长的陈述、阻碍说者的思路,不过,简述语义时要保持客观的描述,避免引导对方谈话的主题与方向。 b. 情感反应。即对对方已经传达或隐含的情绪状态做出反应。除了简要地重复对方所说的内容,也必须表达对于说者情感的理解。对对方的情感做出反应,可以检视我们对于他人情绪的知觉,以及帮助说者更深入地觉察他们自己内在的各种情绪,如喜、怒、哀、乐等。 c. 意义反应。当我们同时进行内容与情感反应时,就是在进行意义反应。意义反应一般是最有效的反应方式。

不同类型的复述

以话语的形式复述,即用一句话或几句话对对方的话进行重新组织和表达。例如:

说者:我有拖延症,如果有任务,我总是等到最后一天才急忙熬夜做,效果也不好。其实我可以早点做,但总想先玩一下。如果有充足的时间,我能做得挺好的。

听者:我看到了你的拖延模式,你觉得你的拖延让你无法把任务完成的像你本来能做到的那样好。

比喻式复述,比喻能让对方描述的内容更生动、活灵活现,能用较少的语言概括很多内容,留给对方丰富的想象空间。

说者:我妈总拿我跟别人比,并且这个"别人"的形象是她拿很多周围同事的优秀孩子拼凑起来的,每次回家她都要告诉我谁家的孩子取得了什么成就。虽然没有批评我,但是她的话让我感到非常不舒服,甚至很气愤。

听者:跟你妈妈在一起时,你感到像被一座山压着,压力很大。

总结式复述,即围绕一段时间的谈话内容进行复述,可以是在沟通的最后提炼整个谈话内容,或者总结上次谈话内容。

说者:……

听者：上次咱们谈了你对学习的感觉，你也谈到了父母对你的期望，你觉得内疚、焦虑。我们上次也讨论过你可以做哪些改变，这周你的学习情况怎么样？

澄清式复述，即检验是否准确理解了对方刚刚所说的内容。

说者：我讨厌宿舍的那个室友，跟她吵过一次，我不喜欢她的行为方式和对人态度，我挺看不惯她的。

听者：你是吵架前不喜欢这个室友，还是吵架以后开始讨厌她？

（4）非言语技巧

人际沟通中，80%的信息是通过非言语信息传递的，只有20%的信息是通过言语信息传递的，可见非言语信息在人际沟通中的重要作用。那如何使用非言语信息呢？

A. 听对方说话时，头部微微前倾，能传达出"我对你的话题很感兴趣"的意思，给对方一种无形的信心和鼓励。

B. 要表示对对方感兴趣，聆听时，必须看着对方的眼睛。人们对你是否在聆听的判断，是根据你是否看着对方来做出的。没有比真心对人感兴趣更使人受宠若惊的了。

C. 不要一直盯着对方。80%的时间凝视对方的眼睛，说话时看着对方眼睛才有礼貌。但如果一直盯着别人的眼睛，对方会有压迫感。因此，"80%的时间"是关键，可以适时将视线上下移动，保证谈话顺畅进行。视线的上下移动也要保持在适度的范围，最好在肩部以上，从头到脚地打量，也会让对方觉得你不礼貌，甚至有点冒犯的意味。

D. 面带微笑。看到亲切的笑容，紧皱的眉头不知不觉就会展开。灿烂的笑容不仅有助于营造轻松、愉快的气氛，还能表达出你的真诚和热情，让对方放下戒备、敞开心胸。

E. 点头示意。有人担心"点头"显得夸张、造作，但事实并非如此。每一个说话的人都希望得到别人的肯定,用力点头有一种让人感到温暖的力量,会让对方更加乐于开口,对你的好感也会增加许多。

F. 使用并观察肢体语言。对方嘴上说的话实际可能与非言语方面的信息互相矛盾。当我们在和人谈话的时候,即使我们还没有开口,我们内心的感觉就已经借由肢体语言清清楚楚地表现出来了。听者如果态度不积极或相当平淡,说者可能就不愿自我暴露太多。相反地,如果听者态度开放、很感兴趣,那就表示听者愿意接纳对方,很想了解对方的想法,说者就会受到鼓舞。而这些肢体语言包括:亲和的微笑,头部微微前倾,偶尔点头等。

倾听是人际沟通中非常重要的环节,也是一项非常重要的技能。平日里,多注意练习倾听,对于提升自身的人际沟通能力大有好处。

美国社会心理学家艾根(G. Egan)根据研究发现,在同陌生人相遇的初期,按照SOLER模式来表现自己,可以明显增加别人对我们的接纳度。

S(Squarely):侧面对着对方,座位呈直角摆放。

O(Open):采用开放姿态,尽量不要双臂相抱或双腿交叉,重要的是内心做好"全身心迎接谈话"的准备。

L(Lean):上身稍微前倾,是一种专注、感兴趣、尊重、鼓励对方讲话的身体姿态。避免懒散地靠在椅背上,两腿分得很开。

E(Eye):保持良好的目光接触。

R(Relaxed):身体放松。

（二）共情

共情又被称为同理心、神入、同感、通情达理等，指个体感知或想象他人的情感，并部分体验到他人感受的心理过程，通常是在人与人交往中发生的一种积极的感觉能力。共情又分为广义的共情和狭义的共情。广义的共情是指所有人际场合中产生的设身处地为他人着想的能力。狭义的共情指在人与人交流中表现出的对他人设身处地理解的能力。

当以下四点都满足时，就可认为发生了共情：个体处在情感状态中；个体的状态与他人的情感状态是一致的；这种状态是由观察或想象他人情感状态诱导产生；个体知道他人是自己情感状态的来源。共情作为一种亲社会行为，对个体来说，通过理解并分享他人的感受，能够准确地判断他人的行为，有利于获得环境信息并适应环境。共情可以帮助我们进行较高质量的交流并适应社会。从整个社会来看，出现共情障碍的个体往往在社会交往中脱节，甚至出现反社会行为，不利于社会凝聚力的提高。

共情是理解他人特有的经历并相应地做出回应的能力，是体验交往对象的感受和需要，产生与其相一致的情感反应，并准确地反馈给对方的一种能力。共情时，能进入对方的精神境界，感受到对方的内心世界，能将心比心地理解对方、体验对方的感受，并对对方的感情做出恰当的反应。共情能力强的个体通过交谈对象的言语和非言语信息，能够准确地感知对方的需求和欲望，设身处地地理解、维护对方的尊严和利益。它的发展直接影响到自身和谐人际关系的构建和良好的人格品质的养成。可以说，共情能力是维持积极的人际关系的重要社会性动机因素。个体如果能够敏锐地认识到他人的需求和欲望、准确地对他人情绪进行感知和理解，并有意识地站在他人角度去感受和行动，即存在"共情关注"。"共情关注"被视作利他主义的主要过程,可以增加个人利他、慷慨、合作等亲社会行为,而表达积极"共情关注"的个体容易被他人所认同和接受,也会被给予更多的情感承诺。

有关亲密关系的共情研究发现,关系双方对对方的共情准确性受到亲密关系的时长、质量等影响。亲密关系维持时间越长、质量越差,则共情准确性越低。亲密关系中的个体在面对积极的关系反馈和对方的良好表现时,更愿意进行准确共情。此外,当个体感到亲密关系受到威胁时(如有强吸引力的异性在场时),准确共情对方的感受可能会使自己感到痛苦(如发现对方被异性吸引),出于自我保护和维持这段亲密关系的需求,个体共情意愿更低,倾向于回避准确共情。

表达共情需要理解和掌握的几点:

(1)转变视角,务必要从对方的角度而不是自己的角度看待他及他存在的问题。

(2)共情的基础不是有与对方相似的经历和感受,而是要设身处地地理解。

(3)表达共情不能一视同仁,而是因人、因事而异,视情而定。

(4)表达共情应把握时机,共情应该适度,才能恰到好处。

(5)表达共情还应善于使用肢体语言,注重姿势、目光、声音、语调等的表达。

(6)表达共情应考虑对方的性别、年龄、文化习俗等特征。

(7)应不断验证是否共情,得到反馈后要及时修正。

共情可以在沟通中消融一切障碍顺利地走进对方心里,所以,我们良性的沟通特别需要具备共情能力。正像《共情的力量》（亚瑟·乔拉米卡利、凯瑟琳·柯茜著，中国致公出版社2019年）中有一句话，共情就是那束光，能穿透痛苦和恐惧的漫漫黑暗，找到我们生而为人的共通之处。

共情的步骤

A. 放下+进入　放下自己的主观标准，设身处地从对方的参考架构去观察和感受。

B. 感受+分离　自己既能够体会对方的内心世界，又能保持足够的分离而不迷失。

C. 理解+认知　自己不仅了解对方的情绪感受，而且能理解这些情绪的真实含义。

D. 言语+非言语　自己用适当方式把共情传递给对方，使其更好地认识和改变。

共情的要领

A. 转换角度。

B. 投入地倾听对方。

C. 回到自己的世界中。

D. 以言语或非言语行动做出反应。

E. 在反应的同时，留意对方的反馈信息。

F. 引导对方对其感受做进一步的思考。

不同层次的共情

卡科夫（Carkhuff）发展出一个五层次的共情工具来测量共情的水平。分别是：感受、程度、内容。

第一层：毫无共情反应，即完全忽视当事人的感受和行为；

第二层：片面而不准确的共情反应，即理解当事人的经验及行为而完全忽略其感受；

第三层：基本的共情反应，理解当事人的经验、行为及感受，但忽略其感受程度；

第四层：较高的共情反应，理解当事人的经验、行为及感受，并把握其隐藏于内心的感受和意义；

第五层：最准确的共情，即准确把握当事人言语传达的表层含义，亦把握其隐藏的深层含义及其程度。

小莉考研失败，对自己很失望，父母也很失望，父母让她不要再考研了，马上就业，小莉不甘心，很难过。她找到5个朋友，5个朋友分别给了她不同的回应：

——你为什么感到如此难受？

——你一向成绩很好，但想不到考研却失败了。

——因为考研不理想（内容），你感到很难过、很失望（感受）。

——因为考研不理想，你感到很难过、很失望，也不清楚前面的路怎么走，心中很乱。

——你一向成绩很好，从没想到考研会失败，因此你感到特别失望和难过，也有一点气愤。父母的话让你很矛盾，内心又实在有点不甘心，正为如何做出选择而痛苦。你先休息两天，然后尝试着问问自己，下一步该怎么做。

如果你是小莉，这5个朋友，你更愿意与谁沟通交流？

（三）真诚

真诚意味着坦诚开放、不欺骗、不伪装、不回避、表里如一，即真心诚恳。所谓真心，即有着与对方认真交往的态度，保持着交往中的谨慎心态。诚恳则是诚实而自然，不恶意隐瞒某些应当为对方所知的事实。真诚是一种态度，是用平和自然的态度去对待周围的人和事物。不欺骗，也不过度防御，但也不毫无防范、毫无保留地与人相处。

真诚是相互的，真诚也是相对的。真诚不是什么都说，但真诚要实话实说，即说出来的一定是事实。比如，我们很忌讳将癌症这样的疾病告诉当事人，尤其是老年人，取而代之最多的是说，生病了，需要治疗。这样做的主要目的是减轻当事人的心理负担，这是不是不真诚呢？笔者认为这也是真诚，因为不说是为了让患者放松心态，不过于担惊受怕，过于担心反倒不利于治疗、不利于康复。说或不说，主要看当事人能否接受。

比如，和人交往，不弄虚作假就是自己的诚信底线，但是没必要主动把自己以前的弱点和缺点都亮出来。说了，不过是让人觉得你很坦诚，可是难免会有人以偏概全；不说，也不至于是诚信度不够，因为这和诚信度不相联，没必要见人就把自己以前的事情说出来，以体现自己的诚信。

真诚五要素

A. 一致性。言行和情感相辅相成，保持一致。如果对方用言语侮辱到你，你感到不舒服，你应该承认这种不舒服的存在，不要试图掩饰，或者偏要装成舒服。

B. 自发性。在没有刻意或者做作的行为情况下自然地表达自己的能力。自发性并不是说出任何想法或者情感，特别是那些负面感情。

C. 支持性非言语行为。传递真诚的非言语行为包括目光接触、微笑、身体向对方前倾等。非言语行为应该谨慎得体，目光接触需要直接而间歇，微笑和前倾要适度。

D. 角色行为。不过分强调角色、权威或者地位，过分强调角色（如领导、教师等的职能角色）会造成情感距离，对方可能会担忧、害怕甚至恐惧。

E. 开放性。真诚还包括一些自我暴露，通过言语或者非言语的行为，真诚地表露自己的信息。

（四）热情

所谓热情，就是在人际交往和人际关系中要有积极的态度。热情是一种主动的、比较强烈和富有感染力的情绪状态。热情好比人际关系的吸铁石，一个人如果热情、亲切幽默并乐于助人，他的周围就会有许多好朋友，他也会因此而拥有融洽和睦的人际关系。热情给人的印象就是自己很愿意与人交往，体现出自己的主动性，对他人表示喜欢，因此也容易受到他人的喜欢。相反，如果一个人对他人冷若冰霜，就会给人留下古板、自私、不善于且不乐于与人交往的印象。

人际关系的本质是人与人之间情感的联系，情感越密切，双方之间相互了解的就越多，人与人之间的心理距离就越小，人际关系就越密切。因此，热情是沟通人们内心世界的情感纽带，是建立和谐人际关系的情感基础。

> 与家人、朋友、恋人、同学、同事都不可避免地要进行沟通，你还记得最近一次你与他人沟通中发生的让你觉得不愉快的场景吗？不愉快的沟通是怎么发生的？对方怎样的表现让你觉得不舒服了？感觉到对方没有认真听你说话？你说话的时候，他一直看手机？听你说的时候，他没有看着你？或他一直看着你？你说到痛苦的地方，他没能很好地捕捉到你的情绪？回应没有让你感受到支持？跟你的沟通中，他不太真诚，也不热情？如果以上的这些情景发生了一大部分，那这次沟通确实让人不愉快。

二、萨提亚沟通模式的技巧

萨提亚模式又称萨提亚沟通模式,是由美国首位家庭治疗专家维琴尼亚·萨提亚(Virginia Satir)所创建的理论体系。

萨提亚认为良性的沟通是传递信息、增进彼此了解的最好方式,但内外不一的不良的沟通方式则是导致系统功能不良和紊乱的关键因素。

(一)沟通的三要素

人们并非生来就会沟通,沟通是学来的,而且多半还是模仿他人的结果,我们主要是从父母身上学到如何沟通的,然后变成我们习惯的模式。萨提亚认为沟通有三个要素:自我、他人、情境(见图7)。自我是指内在和谐、做自己的主人;他人是指除自己之外的其他人;情境指自己所处的人际系统(家庭或组织)。任何一种沟通,都必然涉及自我、他人和情境。

图7 萨提亚沟通模型

（二）四种沟通姿态

一致性沟通是一种同时兼顾三者（自我、他人和情境）的良好的沟通方式，缺少其中一个或两个及以上，都将成为影响沟通进而影响系统功能的不良沟通。萨提亚将其概括为以下四种类型：讨好、指责、超理智、打岔（见表1）。用自我、他人、情境这样一个模型表示，可以看出：当一个人讨好他人时，他的内心只有他人，而没有自己；当一个人指责他人时，他的内心只有自己，而没有他人；当一个人非常理智，总试图给他人讲道理时，也就是萨提亚所说的超理智，此时，他内心只有情境，而没有自己，也没有他人；当一个人打岔时，他既忽略了自己，也忽略了他人和情境。

表1 萨提亚一致性沟通模式

功能不良的应对/沟通姿态	萨提亚模式中的姿态	沟通中自我、他人和情境之间的联系	优点	付出代价
讨好	讨好型	忽略自我	有力量、勇敢、保护自己、求好心切	孤单、人际关系恶化、社会适应不良
指责	指责型	忽略他人	幽默、生动、创意、轻松	无责任感、空虚、上瘾、幻想不切实际

续表

功能不良的应对/沟通姿态	萨提亚模式中的姿态	沟通中自我、他人和情境之间的联系	优点	付出代价
超理智	超理智型	忽略自我和他人	体贴、善解人意、容易与人合作	被忽略、失去自我、沮丧、负担过重
打岔	打岔型	忽略自我、他人和情境	明辨是非、就事论事、不情绪化、分析、推理	缺乏感受、自我封闭

1. 讨好型

这种类型的人，试图远离对自己产生压力的人或试图减轻自己因某些人带来的压力。他们惯用的方式是讨好别人。常说的话是："我错了，都是我的错""我不配""你想怎么样？""我没事，真没事"。讨好型的人常感受到的情感是"我很渺小""我很无助"；内心感受是"我一无是处""我觉得自己毫无价值"；行为表现是过分的和善，道歉，请求宽恕、谅解，哀求与乞怜，让步；可能造成的心理反应是神经质、抑郁、自杀倾向；躯体反应可能有消化道不适、胃疾、恶心呕吐、糖尿病、偏头痛、便秘等。

2. 指责型

这种类型的人，喜欢攻击别人，内心只有自己和情境，没有他人。他们总是试图表明不是自己的过错，让自己远离压力的威胁。常说的言语是

"都是你的错""你到底在干什么?""你从来都没做对过""要是你……那就……""我完全没有错"。指责型的人常感受到的情感是"在这里,我是权威";表现的行为主要有攻击、独裁、批评、吹毛求疵;常有的内心感受是隔绝,如"我很孤单,我是失败的";可能引起的心理反应有报复、捉弄、欺侮;躯体反应有肌肉紧张、背部酸痛、循环系统障碍、高血压、关节炎、便秘、气喘等。

3. 超理智型

这种类型的人,常压抑感觉、逃避感受。他们心中只有情境,没有自己和他人。他们总是逃避现实的任何感受,也回避因压力所产生的困扰和痛苦。他们的言论都是客观的,经常引述规条且使用冗长的解释、复杂的术语,避开个人或情绪上的话题,很少涉及与人有关的感受,经常说"人一定是要讲逻辑的""一切都应该是有科学依据的""人需要冷静";常有的情绪是冷静、疏离,"不论代价,人一定要沉着、绝不慌乱";固有的行为是顽固、不愿改变、举止合理化、操作固执刻板;常出现的内心感受有"我感到空虚与隔绝""我不能流露出任何感觉";可能出现的心理反应有强迫心理、社会性病态、社交退缩、故步自封;躯体反应有内分泌疾病、癌症、血液病、心脏病、胸背痛。

4. 打岔型

这种类型的人,避重就轻,习惯闪躲;他们的内心没有自己、情境和他人。他们经常通过讲笑话、打断话题、词不达意、改变话题来分散注意力,避开个人的或情绪上的话题,不能专注在一件事上,不愿意真正去面对。在情感上,让别人在与自己交往时分散注意力,也减轻自己对压力的关注,想让压力因素与自己保持距离。常出现的言语是漫无主题的、毫无道理、抓不到重点、随心所欲、随口表示的、东拉西扯的，经常说"我自己也搞不清"；常出现的情绪为波动混乱、满不在乎，经常说"我心不在焉"；常有的行为是转移注意力、不恰当的举动、多动、忙碌、插嘴、打扰；常有的内心感受是"没有人当真在意""这里根本没有我说话的地方"；可能造成的心理反应是不适应、不合情理、心态混乱；造成的躯体反应是神经系统症状、胃疾、眩晕、恶心、糖尿病、偏头痛、便秘。

从人们习惯性的行为表现很容易识别不同的沟通类型。讨好型的人往往倾向于让步、取悦于人、依赖、道歉，指责型的人惯于攻击、批判、愤怒，超理智型的人顽固、僵硬、刻板、一丝不苟，打岔型的人不安定、插嘴、打扰、活力过多或不足。这些表现都可以归结为与自我的不一致。

小高去打水，不小心将小莉的热水壶打翻，小高会怎么道歉？

如果小高是讨好型：请原谅我吧，我真的很笨！

如果小高是指责型：天哪，我怎么会碰了你的热水壶？下次你把热水壶收好，这样我就不会碰到了！

如果小高是超理智型：我希望能向你道歉。我经过的时候无意中碰了你的热水壶，我不是故意的，我不承担责任。

如果小高是打岔型：咦，中午你吃饭了吗？

如何改变或调整自己的沟通模式呢？

习惯于指责的人，在原先的反应模式中只关注自己，那么尝试着放下"自己指责的手指"，平稳呼吸，用好奇和关心看看与你沟通的人有什么样的观点、感受和期望，然后选择内外一致的行为、语言反应给对方。关注、了解他人是善用指责的人最重要的练习。

对习惯于讨好的人来说，关键是觉察和表达自己的感受，关注自己的感受，倾听自己内在的声音，拿出勇气说出自己的真实感受。对很多长期习惯于讨好方式的人来说，表达自己的感受可能是很困难的事情，不妨从简单的事情和信任的对象开始练习。

超理智的人总是那么聪明，擅长讲道理或罗列一大堆的数据、信息。精于此道的人需要练习的是觉察自己的感受，再练习如何关注到别人的感受。对习惯于超理智的人来说，最重要的是不要只用头脑，还要多用心和其他的感官去听、去看、去感觉。

调整起来最困难的是打岔的反应模式，打岔型的个体习惯了"生活在别处"，回避很多的痛苦和不愉快。这样的人，应从关注情境开始，学会观察当前所在的情境，只有学会活在当下，才能进一步觉察自己的感受、和他人联结。

（三）一致性沟通

1. 一致性沟通的含义

萨提亚把理想的沟通模式称为"一致性沟通"，即能够顺畅表达自己的需要，也能够倾听对方的感受，并做出积极的回应。讨好型、指责型、超理智型、打岔型都属于人际沟通中典型的不良模式。在不良模式中，每个人都不能完整、一致地表达自己，造成的后果是孤立无助、缺少被爱的感觉、缺乏自尊和能力，所有这些阻碍了个人的成长。

只有将沟通三要素——自己、他人、情境三者都关注考虑到了，才是一致性沟通。一致性沟通意味着承认自己所有的情感，能很好地表达自己的想法，同时顾及他人的感受，且考虑到情境。在表里一致的行为和关系中，我们可以不带任何评判地接纳、拥有自己的感受，并且以一种积极、开放的态度来处理它们。

一致性沟通常有的行为是有活力的、有创造力的、有生命力的、自信的、负责任的、包容的；常说的言语中带有感受性、期待、愿望、诚实、开放，乐于分享、能聆听他人，尊重自己、他人与情境；主要的情感有平和、平静、脚踏实地；对自己的认识是高自我价值、能干、欣赏自己的独特性、接纳价值的平等。

2. 一致性沟通的层次

第一层接纳感受。一致性沟通的个体，常常是能够意识到自己的感受，并能够接纳理解这些感受的，他们很少评判这些感受，也从不否定这些感受，这与以人为中心的真诚非常相似。具体来说就是，一致性的个体在进行一致性沟通时，其言语和非言语信息，尤其是躯体化的反应，传递了相同的信息；反之，则传递出两种不同的、矛盾的信息。例如，我们说自己不恐惧，但是身体却在发抖或非常僵硬，这就表明我们没有进行一致性的表达。因而，充分觉察非言语信息，是建立一致性的重要基础。

如何做呢？我们首先觉察自己的身体反应和情绪的变化，并且承担起对自己情绪的责任，我们是自己情绪的主人，为发生在自己身上的一切事情负责；接纳自己的情绪，比如紧张、愤怒、恐惧，看看自己如何缓解这些情绪，做些什么可以让情绪平缓。能做到这些就完成了第一个层次，此时，个体可以不带抱怨地、真诚一致地表达自己的感受。

> 小梁是一位高中生的母亲，她非常重视孩子的学习。有一次模拟考试，孩子没有考好。小梁知道后，非常生气，觉得是孩子最近没努力造成的。知道成绩后，想立马跟孩子大吼，指责他为什么都临近高考了，却不努力。但小梁使用了情绪管理的"stop"技术，让自己的情绪渐渐平复。过后，她跟儿子探讨为什么这次成绩不理想。她说："看到你这次成绩不理想，妈妈有些难过，觉得你很努力，这个成绩

有点辜负你自己；妈妈有点担心，你自己有很高的志向，这个成绩可能会拖你后腿；妈妈还有点紧张，因为离考试越来越近了。"妈妈接纳了自己的情绪，当跟儿子表述时，不急不躁，真诚地表达自己的感受，孩子也比较能接受。孩子回应妈妈："妈妈，我知道你为我担心，也挺紧张的，我这次是没有考好，我自己分析了一下，可能是最近不太用功，游戏占用了太多时间，而其他同学都在努力，所以成绩不理想，我能追回来，放心吧。"

第二层深入觉察。要充分了解自己内心真正的渴望和期待，这些渴望和期待是我们的源动力。有时候，我们对自己的期待和渴望非常麻木，觉得自己很了解自己了，不就是期待得到好成绩、好的工作、多一些金钱吗？不就是渴望被认可、被爱、被关注吗？但这些东西仅靠我们自己得不来啊，然后就沉溺于无聊、不满、抱怨中。本来渴望被认可、被爱，却用指责试图让别人远离自己。

　　小艾性格有些孤僻，没什么朋友，从小到大，只有一个女生是她的好友。凑巧的是，小艾和自己的好友上的大学在同一个城市，而且距离并不远。小艾视她这个好友为至亲，有点事情就要跟好友唠叨唠叨，而好友每次都是很耐心地听。一次，小艾要参加一个大赛，大赛前的晚上，小艾压力很大，她就给好友打电话，正好好友非常忙，说了几句就挂掉了。小艾觉得自己被忽视了，需要被关爱的渴望没得到满足，就给好友发短信说，"你这么不重视我，我要跟你断交。"大家是不是为好友感到委屈？是不是觉得小艾可以有恰当的表达？

第三层身心合一。萨提亚认为这一层是"与普遍存在的生命力保持和谐一致"。每个人的生命是相同的，那是我们的生命力。它是存在的，并给我们提供能量，但有时候因为我们的某些原因，让生命力不再旺盛，不再源源不断地供给能量了，我们感觉到生命力衰竭了。但其实，生命力任何时刻都会静候在那里，等待我们去加以利用，而它也会不断回馈我们能量。

只有一致性沟通才能引导出互相滋养和支持的关系，是最有意义、最有价值的。每个人都具备无数的内在资源，可以更有创意地使用这些资源，让沟通变得一致。

3. 不一致的坏处

一个自我价值感低或自卑的人往往会非常在意别人对自己的看法，他人只要不同意他们的观点或行为，他们就觉得此人对自己不友好，否定了自己的价值。在自己都不能正确看待自己、自己都不认可自己的情况下，他们就会发展出扭曲的情感，进而发展出"不一致"的沟通应对模式。例如，本来你做的一件事情已经非常好了，但领导说不行，你没有解释，而是充满委屈地说，我去修改一下。这种讨好的行为，会让你感觉更加委屈，甚至有些愤怒。那应该怎么办呢？向领导解释一下你这么做的目的，让领导明确给出指导建议，如果当时没能给出，也要留下期待交流讨论的话语。不一致的沟通让人很压抑，长期下来甚至会造成严重的问题或疾病。

不一致的沟通，事实上伤害了我们和别人建立情感联结的能力，我们试图掩盖真相，装作对不喜欢的事情若无其事，将情绪累积在心中，但这种累积迟早会爆发，那时候恐怕危害更大。

好的人际关系，可以让我们的工作和生活更幸福。想要拥有良好的人际关系，你需要拥有哪些技巧呢？卡耐基的《人性的弱点》给出了3个建议。

（1）不要批评、指责和抱怨。你喜欢听到别人的批评吗？肯定不喜欢。没有人喜欢被指责，因为指责只会更加深我们内心的不满。所以，我们要少一些对别人的批评，多一些对别人的理解和鼓励。当收到的是鼓励而非指责的时候，我们的内心会相当的温暖和充满感激，自己也会加倍去弥补自己的错误。

(2) 真心实意地感谢和赞美他人。你是一个经常夸奖别人的人吗？你喜欢得到别人的夸奖吗？书中说，"人性的根源深处，强烈渴求着他人的欣赏"。别人的欣赏和认同，可以帮助我们建立自尊、自信，肯定自我的价值。但夸奖和赞美并不是一味地阿谀奉承，那样的话会显得非常的虚伪。当你表达感谢和赞美的时候，一定要非常真诚，这样别人才会真正地开心。当别人帮助了你，或者别人在某些方面做得非常出色的时候，请记得真诚地表达出你的感激和赞美。

(3) 尽量采用非暴力沟通的方式。我们如何有效地进行沟通？可以遵循含蓄、幽默、赞美三大原则。不方便说的话，含蓄能帮你解决棘手的问题，不至于使自己处于尴尬的地位。幽默是一种"能抓住可笑或诙谐想象的能力"。需要注意：内容高雅、态度友善、区别对象、注意场合。赞美要具体翔实，真心诚意地赞美讲究场合，合乎时宜的赞美的话不能千篇一律，赞美一个人的具体行为或贡献比笼统地赞美他本人好。

参考文献

[1] 敖翔,陈轩,赵忠. 人格特征的代际传递:基于控制点和信任的证据[J]. 劳动经济研究,2019(3):29-55.

[2] 高德胜. 自恋及其教育疗治[J]. 教育研究与实验,2021(3):1-12.

[3] 高亚席. 大学生自我概念和人际关系的相关研究[D]. 北京:中央民族大学,2006.

[4] 胡传双,李璐,刘旭. 自恋型人格特质对工作绩效的影响研究与展望[J]. 巢湖学院学报,2022,24(3):141-149.

[5] 刘聪慧,王永梅,俞国良,等. 共情的相关理论评述及动态模型探新[J]. 心理科学进展,2009,17(5):964-972.

[6] 刘天一,郝春东. 积极教育视角下大学生宿舍人际关系研究[J]. 林区教学,2022,301(4):91-94.

[7] 马月,刘莉,王欣欣,等. 焦虑的代际传递:父母拒绝的中介作用[J]. 中国临床心理学杂志,2016,24(1):23-27.

[8] 李霜. 人际优势的代际传递:教养方式与亲子关系的作用[D]. 石河子:石河子大学,2022.

[9] 李闻戈. 大学生人际交往中吸引与排斥现象的调查研究[J]. 宁夏大学学报:人文社会科学版,2000,22(4):122-126.

[10] 林瑶,吴和鸣,施琪嘉. 创伤的代际传递[J]. 心理科学进展,2013,21(9):1667-1676.

[11] 潘晗希, 郭杨, 高齐, 等. 共情准确性研究30年: 回顾与展望 [J]. 应用心理学, 2022, 28 (3): 255-269.

[12] 钱海姣, 屈展, 郑安云. 大学生自恋人格和微信朋友圈中的自我呈现: 外向性和感知积极反馈的链式中介效应 [J]. 西南交通大学学报: 社会科学版, 2022, 23 (5): 77-84.

[13] 王浩, 俞国良. 大学生依恋焦虑与抑郁的关系: 恋爱中关系攻击和关系质量的序列中介作用 [J]. 心理发展与教育, 2022, 38 (6): 879-885.

[14] 温欣, 王晓恬. 大学生"社恐"的群体性特征、归因及引导策略: 基于结构化理论视角 [J]. 江苏海洋大学学报: 人文社会科学版, 2022, 20 (3): 43-51.

[15] 颜志强, 苏金龙, 苏彦捷. 共情与同情: 词源、概念和测量 [J]. 心理与行为研究, 2018, 16 (4): 433-440.

[16] 吴静娴. 我国青少年同学关系影响因素的实证分析 [J]. 山西能源学院学报, 2018, 31 (1): 70-72.

[17] 程思, 毕若旭, 王军利. "社恐"日记的背后有努力、有尝试、有改变: 超八成受访大学生认为自己轻微"社恐" [N]. 中国青年报, 2021-11-23 (011).

[18] 张丽华, 朱贺. 自恋与攻击性关系的元分析 [J]. 心理学报, 2021, 53 (11): 1228-1243.

[19] 张凤智, 张效芬. 浅谈抗争在破坏性人际冲突初始阶段的重要作用 [J]. 产业与科技论坛, 2019, 18 (20): 108-109.

[20] 郑日昌, 李占宏. 共情研究的历史与现状 [J]. 中国心理卫生杂志, 2006, 20 (4): 277-279.

[21] 佐斌, 高倩. 人际吸引研究的特质论与情境论 [J]. 湖北大学学报:

哲学社会科学版，2009，36（3）：121-125.

[22] PINEL E C, LONG A E, LANDAU M J, et al.. Seeing I to I: A Pathway to Interpersonal Connectedness [J]. Journal of Personality and Social Psychology, 2004, 90 (2): 243-257.

[23] 陈皎眉. 心理学 [M]. 台北：双叶书廊，2015.

[24] 陈玲. 心理学的诡计：日常生活中的心理策略 [M]. 北京：新世界出版社，2009.

[25] 戴尔·卡耐基. 人性的弱点 [M]. 陶曚，译. 天津：天津人民出版社，2014.

[26] 盖瑞·查普曼. 爱的五种语言 [M]. 王云良，等，译. 南昌：江西人民出版社，2010.

[27] 刘海娟. 家庭教育心理学 [M]. 北京：知识产权出版社，2020.

[28] 莎伦·布雷姆，罗兰·米勒，丹尼尔·珀尔曼. 亲密关系 [M]. 5版. 王伟平，译. 北京：人民邮电出版社，2010.

[29] 罗纳德·B.阿德勒，拉塞尔·F.普罗科特. 沟通的艺术 [M]. 黄素菲，译. 北京：世界图书出版公司，2010.

[30] 马丁·塞利格曼. 持续的幸福 [M]. 赵昱鲲，译. 杭州：浙江人民出版社，2016.

[31] 马浩天. 微表情心理学 [M]. 苏州：古吴轩出版社，2016.

[32] 马克·郭士顿. 倾听的力量 [M]. 柴淼麟，陈湘德，译. 北京：民主与建设出版社，2022.

[33] 彭贤，马千珉. 人际关系心理学 [M]. 北京：清华大学出版社，北京交通大学出版社，2019.

[34] 莎伦·布雷姆，等. 亲密关系 [M]. 3版. 郭辉，肖斌，刘煜，译. 北京：人民邮电出版社，2008.

[35] TAYLOR S E, PEPLAU L A, SEARS D O. 社会心理学［M］. 10版. 谢冬梅, 谢晓非, 等, 译. 北京: 北京大学出版社, 2004.

[36] 吴薇莉, 张伟, 刘协和. 成人依恋量表（AAS-1996修订版）在中国的信度和效度［J］. 四川大学学报: 医学版, 2004, 35（4）: 536-538.

[37] 亚瑟·乔拉米卡利. 共情力［M］. 耿沫, 译. 北京: 北京联合出版公司, 2017.

[38] 亚瑟·乔拉米卡利, 凯瑟琳·柯茜. 共情的力量［M］. 王春光, 译. 北京: 中国致公出版社, 2018.

后 记

从最初萌发撰写这本书的想法，到撰写完成，历时两年左右的时间。在这两年里，或者更长的时间里，我一直想，自己多年对于心理学的学习心得、在教学中积累的经验和上千次咨询案例带来的感悟，从哪个角度切入更好？最终还是选定了人际关系。因为人，无论什么时候都是生活在关系中的。

有人说，我们的烦恼有百分之八十是来自人际关系的困扰。所以人际关系的好坏，会影响我们的心情，甚至影响我们的幸福指数。如何在不讨好他人的情况下，与他人建立良好的关系呢？本书给出了答案。本书既有专业理论，又有实际案例，还有技巧分享。读起来，有意思，不枯燥。最重要的是，还能按照书中分享的小技巧，试着改善一下自己的人际关系。

正值北京春暖花开的季节，我终于完成了书稿。压抑很久的心情，突然像这阳光一样明媚。收笔之际，心中充满忐忑，不知道这本书能给读者带来了怎样的收获或感悟、感想。我想，哪怕其中的一段话、一句话，给你带来了启发，就足够了。希望受到那句话或那段话启发的你，有茅塞顿开的感觉、醍醐灌顶的喜悦和豁然开朗的心情。收笔之际，有点恋恋不舍。总觉得还想再写点、再举些例子，总是觉得不够完美，总是觉得还有许多话要说……但它还是要呈现给读者。也许在以后的日子里，随着我的积累，会再修订、改版。虽然我学习心理学已经有26年光景，但依然觉得自己才疏学浅，本书也一定存在美中不足的地方，恳请读者们不吝赐教，这将对我的专业提升大有裨益。

我邀请了学生、同事、同行、好友阅读本书，他们从不同的视角给了我很多好的建议和意见，我都一一做了修改，以让这本书适合不同群体阅读。

感谢北京邮电大学数字媒体与设计艺术学院的姜薇薇同学，她认真帮我创作插画，这些插画让整本书看上去生机勃勃。感谢张水华编辑，给予我鼓励、支持，让本书能成功出版，展现在读者面前。感谢所有在我生命中出现过的人，不同的角色、不同的亲疏距离，让我对人际关系有了更深刻的领悟。希望读者跟我一样，珍惜、珍视在你生命中出现的他，不管是给你带来痛苦还是愉悦，他们都是促进我们成长的人，不可或缺。

张　平

于北京海淀西土城路 10 号

2023 年 3 月 20 日